24시
시사
편의점

스푼북은 마음부른 책을 만듭니다. 맛있게 읽자, 스푼북!

24시 시사 편의점

초판 1쇄 발행 2022년 10월 28일
초판 2쇄 발행 2023년 6월 19일

글 서지원 | 그림 원아영

ISBN 979-11-6581-385-7 (43300)

발행처 주식회사 스푼북 | **발행인** 박상희 | **총괄** 김남원
편집 김선영·박선정·김선혜·권새미 | **디자인** 조혜진·김광휘 | **마케팅** 손준연·이성호·구혜지
출판신고 2016년 11월 15일 제2017-000267호
주소 (03993) 서울시 마포구 월드컵북로 6길 88-7 ky21빌딩 2층
전화 02-6357-0050(편집) 02-6357-0051(마케팅)
팩스 02-6357-0052 | 전자우편 book@spoonbook.co.kr

24시 시사 편의점

글 **서지원**
그림 **원아영**

스푼북

불안한 미래를 준비하는 청소년들을 위해 그때그때 세상일을 전해 주는 시사 편의점

　어느 조사 기관에서 우리나라 사람들에게 인생의 목표를 물었어요. 많은 사람이 '성공'이라고 대답했고, 그다음이 '행복'이라고 대답했다고 해요. 사람들은 누구나 성공하고 싶고, 행복하게 살고 싶어 해요. 행복하게 성공하면 더 좋겠지요.

　성공과 행복을 이루려면 학교생활과 공부도 열심히 해야겠지만, 저는 꼭 필요한 한 가지가 더 있다고 생각해요. 바로, 학교 밖 세상일을 알아야 한다는 거예요. 세상은 매우 빠르게 변하고 있어서 조금만 관심을 기울이지 않으면 금세 새로운 시스템으로 바뀌어 있어요. 앞으로 5년, 10년 후 여러분이 사회에 나오는 미래는 지금과 또 엄청나게 달라져 있겠지요. 불확실한 미래에 '성공'과 '행복'을 모두 얻으려면, 세상일을 잘 알아야 해요.

'시사'라는 말, 어렵지 않나요? '그때그때 세상일'이라고 이해하면 느낌이 팍 올 거예요. 시사는 교과서에서 다루기가 어려워요. 교과서는 미리 만들어져 나오기 때문에, 가장 최근에 세상에서 벌어지는 일을 담을 수는 없지요. 그래서 그때그때 신선하고 팔팔 뛰는 세상일을 24시 편의점에서 팔듯이 여러분에게 전달해 주고 싶었어요.

 2015 개정 교육 과정부터 학교의 시험은 점점 서술형 문제가 많아지고 있어요. 대학이나 직장 면접에서도 시사에 관한 질문을 하는 경우도 많아지고 있고요. 이때 시사를 많이 아는 것도 중요하지만, 그 일에 관한 자신의 생각을 논리적으로 설명할 줄 알아야 해요. '자신만의 생각을 갖는 것!' 이것은 세상을 살아가는 데 반드시 갖춰야 할 필수 능력이지요. 그러자면 세상일을 알고 스스로 생각할 줄 알아야 하고, 또 세상일을 여러 관점에서 보려고 노력해야 해요.

 세상은 매우 복잡하게 돌아가요. 자신만의 생각을 뚜렷하게 갖지 않으면 자신이 원하는 길을 걸을 수 없어요. 그저 흘러가는 세상에 휩쓸리는 인생을 살게 되지요. 또, 세상일을 잘 모르면 누군가에게 조종당하기 쉬워요. 때때로 몇몇 사람들은 거짓된 정보를 퍼뜨려 사람들을 속이고 선동해서 자기 마음대로 움직이려고 하지요. 지금 우리 사회를 보면 그런 사람들에게 자기 생각 없이 꼭두각시처럼 조종당하는 사람들이 어마어마하게 많다는 것을 알 수 있어요.

사람들 말에 휩쓸리지 않고 세상을 제대로 보는 능력을 기르려면 비판적인 태도가 중요해요. 비웃고 헐뜯으라는 게 아니라, 어떤 것이 옳고 그른지 판단해 보려는 마음가짐으로 세상을 바라보고 잘못된 점을 지적해야 해요. 그런 과정을 거치면서 '나만의 생각'이 생기고, '내가 가고 있는 길'이 올바른 길인지 알게 되며, 내가 이루려는 '성공'과 '행복'이 무엇인지 깨닫게 돼요. 이 책의 시사가 학교 밖 세상일을 전해 주는, 여러분의 인생 표지판 중 하나가 되기를 바랍니다.

작가 서지원

나유식

무식하고 용감한 중2 남. 툭하면 욱하고, 걸핏하면 버럭 한다.
예쁘고 똑똑한 스웩녀를 좋아한다.

동방삭

무려 삼천갑자(18만 년)를 살았다.
무료하고 따분한 인간 세상이 지루해서
무얼 하면 좋을까 고민하다가 지식 편의점을 열었다.

스웩녀

나유식의 공주님. 공부도 잘하고, 지식도 풍부하고,
운동도 잘한다. 하지만 SNS 중독에 지적 허영이 있다.

나웬수

나유식의 형. 23세, 대학생이다. 철도 없고 눈치도 없다.
엉뚱한 소리를 잘해서 메신저에서 차단당하기 일쑤이다.

보라

나유식과 같은 반인 금수저 여학생.
SNS에 사진 올리고, 남의 SNS에 댓글 다는 재미도 산다.

차례

첫째 주 ──────
사회 지성인 되기

둘째 주 ─── 경제 지성인 되기

셋째 주 ———
정치 지성인 되기

시상양과 스웩녀
그리고 수상쩍은 편의점

내 이름은 나유식. 별명은 너무식. 친구들은 내게 무식하다고 말하지만, 나는 무식하지 않다. 단지, 다른 사람들이 아는 걸 내가 모를 뿐이다.

오늘 '시상양'에 가입 신청서를 냈다. 시상양은 귀여운 양과는 아무 관련이 없다. 우리 학교의 시사·상식·교양 동아리니까.

내가 처음 이 동아리에 가입하겠다고 말했을 때 모두가 비웃었다. 나처럼 말보다 주먹이 빠르고, 생각보단 몸이 먼저 움직이는 아이에게 시사와 상식, 교양이라니 전혀 어울리지 않는다면서 말이다.

뭐, 틀린 말은 아니다. 솔직히 나는 시사나 상식, 교양 따위에는 전혀 관심이 없다. 내가 이 동아리에 들고 싶은 이유는 단 하나, 나의 공주님인 스웩녀 누나를 한 번이라도 더 보기 위해서였다. 스웩녀 누나는 이 동아리를 이끄는 동아리장이자, 우리 학교

전교 학생회장이다. 스웩녀 누나는 예쁜 건 기본이고, 다정하고, 머리도 좋다. 운동이면 운동, 노래면 노래, 뭐든 못하는 게 없는 만능녀라 하겠다.

주근깨 선배
신입생들, 오늘 간단한 테스트가 있을 거니까 늦지 말고 동아리실로 오도록 해.

나유식
테스트요?

주근깨 선배
그래, 기본적인 상식이 있는지를 살펴보는 거야.

나유식
그런 게 없으면 동아리에 가입할 수 없나요?

주근깨 선배
당연하지! 우리 시상양이 얼마나 전통 있는 동아리인데! 아무나 받아들일 순 없지! 암, 그렇고말고.

그날 오후, 나를 포함한 시상양의 신입 회원들이 모두 동아리실에 모였다. 주근깨 선배가 종이를 나눠 주고 엄격한 목소리로 말했다.

"문제는 총 세 개야. 시간은 20분 줄게. 자, 그럼 시작!"

그 말에 나는 종이에 쓰인 을 빤히 들여다보았다.

'이게 다 무슨 소리야? CCTV를 설치하든 말든 아무 생각 없는데? 나랑 무슨 상관이라고. 국보랑 보물? 그건 대체 무슨 차이가 있는거지?'

내가 망설이는 사이 다른 아이들이 답지를 제출하기 시작했다. 나는 식은땀이 흘렀다.

"이제 다 했어?"

"네, 여기······."

나는 아무렇게나 생각나는 대로 답을 써서 제출했다. 그 순간 주근깨 선배를 비롯한 몇몇 선배들의 시선이 내게 화살처럼 꽂혔다.

"마지막 문제 답을 지금 브라보라고 쓴 거야?"

"왜요?"

나는 눈을 휘둥그레 뜨며 되물었다.

"일부러 웃기려고 그런 거지?"

"아뇨, 진지하게 쓴 건데요?"

순간 선배들이 웃음을 터트렸다. 구석에 앉아 책을 읽고 있던 스윗녀 누나도 웃음을 참지 못해 킥킥거리는 모습이 보였다.

"시사, 상식, 교양과는 전혀 거리가 먼 거 같은데 우리 동아리에는 왜 가입하려는 거야?"

"꼭 보고 싶은 사람이 있어서요!"

순간 모두의 시선이 내게 집중됐다.

"신입생, 여긴 공부를 하기 위한 모임이지 연애를 하는 곳이 아니야."

"저는 단지……."

나는 잠시 망설이다가 결심했다. 그래, 대장부가 한번 칼을 뽑았으면 무라도 썰어야지.

"저는 스윗녀 누나가 좋아요. 그래서 여기 가입하고 싶어요."

내 말에 분위기가 싸해졌다. 구석에서 책을 읽고 있던 스윗녀 누나의 눈이 휘둥그레지는 게 보였다.

"방금 말했지. 여긴 공부를 하기 위한 동아리라고. 그런 말은 열심히 활동하는 시상양 부원들한테 실례야."

"여기 가입하려고 원래 있던 동아리도 나왔단 말이에요!"

"네 생각을 몰랐으면 모르겠는데, 알게 된 이상 널 우리 동아리에 받아 주긴 어렵겠다. 여긴 시사, 상식, 교양을 공부하려는 친구들에게 열린 곳이니까."

선배들은 조금 화난 듯한 목소리였다. 다른 아이들도 불쾌하다는 표정이었다. 궁지에 몰렸다는 생각에 나는 욱해서 버럭 소리쳤다. 스웩녀 누나가 내 말을 듣고 있다는 것도 까맣게 잊은 채로.

"그깟 게 대체 뭐라고요!"

나는 주먹을 꼭 움켜쥔 채 밖으로 달려 나갔다. 스웩녀 누나가 있는 데서 망신을 당한 것이 부끄러워 견딜 수 없었다. 나는 주르륵 흐르는 눈물을 훔치며 걷고 또 걸었다. 그때 스웩녀 누나의 인스타그램에 새로운 사진이 올라왔다는 알림음이 울렸다.

swag_girl
스웩녀

좋아요 87개
swag_girl 누군가를 사랑하게 된다면…… 깊이 있는 대화를 나눌 수 있는 그런 사람과.

방금 전

24시 시사 편의점

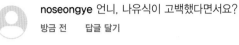 noseongye 언니, 나유식이 고백했다면서요?
방금 전 　답글 달기

muu_ni @noseongye 나유식도 참! 넘볼 게 따로
있지!
방금 전 　답글 달기

_inhoho 누나, 얼굴 좀 보여 주세요.
방금 전 　답글 달기

스웩녀 누나가 글을 올린 지 단 몇 초 만에 '좋아요'가 수십 개 눌러졌고, 댓글이 우르르 올라왔다. 나를 놀리는 애들한테 답글을 달려다가 멈칫했다. 스웩녀 누나가 찍은 책을 보았던 것이다.

"조지 오웰…… 1984?"

1984? 드라마 '응답하라!' 시리즈의 또 다른 버전인가? 이번에 새로 나온 시리즈인가 보다. 나도 어서 댓글을 달아야지.

 nayusik 누나, 아깐 그냥 뛰쳐나가서 걱정하셨죠. 전 괜찮아요. 그건 그렇고 누나도 1984 좋아하시나 봐요.
방금 전 　답글 달기

 swag_girl @nayusik 괜찮다니까 다행이야. 동아리 일은 아쉽게 됐어. 그나저나 너도 조지 오웰을 좋아하는구나!
방금 전 　답글 달기

나는 댓글에 답글이 달린 걸 보고 놀라서 눈을 휘둥그렇게 떴다. 이게 꿈인가 생시인가 머리가 어질어질하고 눈앞이 아득해

지는 것만 같았다. 나는 얼른 편의점으로 달려가 음료수 한 캔을 샀다. 그리고 뚜껑을 따기 무섭게 벌컥벌컥 음료수를 마시고는 답글을 썼다.

 nayusik 당연하죠, 언제 같이 조지 오웰이나 보러 갈까요?
방금 전　　답글 달기

그런데 답글을 쓴 지 몇 분이 지나도록 반응이 없다. 뭐가 잘못된 거지? 한참을 휴대폰 화면을 뚫어지게 보고 또 보았다. 아무리 기다려도 답글은 달리지 않았다. 속이 부글부글 끓었다. 초조해지니 다리가 저절로 덜덜 떨렸다.

그런데 그때 누군가 내 어깨를 톡톡 쳤다.

"저기⋯⋯."

"아, 뭐요?"

"조지 오웰은 소설가야."

"네?"

나는 고개를 획 들어 뒤를 돌아보았다. 그러자 아저씨, 아니, 형, 아니, 청년? 이상하게도 나이를 전혀 짐작할 수 없는 편의점 알바생이 나를 향해 어색한 웃음을 지었다(나이를 짐작하지 못한 이유를 나중에 알게 되었는데, 충격 그 자체였다!). 여튼 나는 눈살을 찌푸리며 알바생을 째려보았다.

"그래서요?"

"조지 오웰을 보러 가자는 게 말이 안 된다는 소리야. 한마디로, 네가 아는 '척'한 걸 스웹녀가 알아차렸다는 거지."

"이보세요, 아저씨. 지금 제 휴대폰을 훔쳐본 거예요?"

"훔쳐본 게 아니라…… 편의점에 설치된 CCTV 덕분에 네 모습을 보기 싫어도 봐야만 하는걸. 다리를 쩍 벌리고 덜덜 떨고 있는 그 꼴사나운 모습을 말이야. 게다가 네가 댓글을 쓰면서 입으로 중얼중얼하는 소리를 들었지."

"아우-씨!"

나는 창피하고 짜증 나서 붉으락푸르락한 얼굴로 자리에서 벌떡 일어났다. 몸을 일으키면서 나도 모르게 테이블을 툭 쳤고, 그 바람에 위에 놓여 있던 캔이 내 쪽으로 넘어졌다. 당연한 수순으로 교복 바지가 흥건하게 젖고 말았다.

"저런, 편의점 안 창고에 수도 시설이 있어. 거기서 좀 씻으렴."

"됐거든요?"

"그러고 돌아다니는 게 더 창피할 텐데……."

"알아서 할게요."

바로 그때였다. 저 멀리 스웹녀가 걸어오고 있었다. 나는 놀라서 얼른 편의점 안으로 뛰어들어 갔다.

"아저씨, 창고, 창고가 어디 있다고요?"

"저쪽!"

편의점 알바생이 오른쪽 모퉁이를 가리켰다. 나는 재빨리 창고 문을 열고 안으로 뛰어들어 갔다. 스웩녀 누나에게 지저분하게 얼룩진 바지를 보여 줄 수는 없었다. 창고에 들어가 얼룩을 씻어 내고 있을 때였다. 편의점 알바생이 불쑥 고개를 들이밀었다. 아까는 대학생처럼 보였는데, 이렇게 다시 보니 제법 나이가 들어 보였다.

"나가서 스웩녀한테 이렇게 말해 봐. '저도 CCTV가 모든 것을 감시하는 세상은 싫어요.'라고."

"그게 무슨 뚱딴지같은 소리예요?"

"일단 해 봐."

갑자기 왜 그런 용기가 난 걸까. 나는 알바생이 시키는 대로 밖으로 나가 스웩녀 누나를 가로막았다. 나의 갑작스러운 등장에 누나는 놀란 눈으로 나를 바라봤다. 나는 그 눈을 빤히 바라보며 알바생이 시킨 대로 말했다. 그러자 놀라운 일이 벌어졌다.

"유식이 너, 아까 테스트 문제의 답을 일부러 틀리게 적은 거였어?"

일부러 그런 거라니. 갑자기 스웩녀 누나가 내게 왜 이런 질문을 하는 걸까. 나는 일단 '그럼요!'라고 시치미를 뚝 떼고 얘기해 보기로 했다.

"단 한 가지만을 정답이라고 말하는 세상에 너 나름대로 반기를 든 거구나. 나도 가끔 그런 생각을 해. 하지만 난 실천하지 못했는데, 유식이 너 대단하다."

내가 상식은 좀 부족할지 몰라도 눈치 하나는 빠르다. 그런 생각은 단 한순간도 해 본 적 없지만 난 대답 없이 스웰녀 누나를 향해 빙그레 웃어 보였다.

"내가 오늘은 약속이 있어서. 다음에 조지 오웰에 대해 진지하게 얘기해 보자."

누나가 하얀 이를 드러내 웃어 보였다. 순간 나는 심장이 벌렁거려서 숨을 제대로 쉴 수가 없었다. 간신히 고개를 끄덕이자 누나는 내게 인사하며 자리를 떠났고, 난 그제야 휴, 하고 긴 숨을 내쉬었다.

"쟤가 스웰녀니?"

"아, 깜짝이야! 아직 있었어요?"

"여기 우리 가게 앞인데……."

양손에 빗자루와 쓰레받기를 든 알바생은 어정쩡한 자세로 어리둥절한 표정을 지었다.

"됐고, 어떻게 알았어요? CCTV니 뭐니 한 거요!"

"알고 싶어?"

"당연하죠! 다음에 스웰녀 누나랑 얘기하려면 제대로 알아야 한다고요!"

"좋아! 이 몸이 알려 주지."

"진짜요?"

"조지 오웰뿐이겠어? 시사, 상식, 교양에서 날 따라올 사람은 아무도 없다고. 너 운이 좋구나? 나 동방삭은 너처럼 무식한 애도 금세 척척박사로 만들어 줄 수 있거든."

"무식한 애? 지금 말 다했어요?"

"다했어."

"오늘부터 형님으로 모시겠습니다."

난 깍듯이 인사를 올렸다.

첫째 주
사회
지성인 되기

누군가 당신을 보고 있다면 보호일까, 감시일까? 스마트폰을 이용한 신종 사기, 왜 막지 못할까? 모두가 성형을 하면, 세상이 아름다워질까? 양심적 병역 거부, 인정해야 할까? 어른들이 왜 장난감을 좋아할까? 동네 고양이에게 먹이를 줘도 될까? 동물 실험, 꼭 필요한 걸까? 정부가 못하는 일, 국민이 하면 안 될까? 우리나라가 곧 초고령화 사회가 된다고? 요즘 세대를 왜 N포 세대라고 할까? 착한 금수저도 있을까? 신이 허용해 준 음식만 먹어야 한다고?

누군가 당신을 보고 있다면
보호일까, 감시일까?

연관 검색어: #CCTV #1984 #조지_오웰 #사생활_침해 #범죄_예방

나유식: 좋아요. 근데 아까 나한테 한 말이 뭐예요? CCTV가 지배하다니, 그게 무슨 뜻인지 당장 말해 줘요.

동방삭: 어이, 진정해. 《1984》는 조지 오웰의 소설이야. 소설 속 가상 국가 오세아니아는 '빅 브라더'라는 독재자가 지배하고 있고, 그는 텔레스크린을 통해 모든 사람들의 행동을 감시한다는 설정이야.

나유식: 왜 감시를 하는데요?

동방삭: 그가 원하는 대로 세상을 움직이기 위해서. 사람들의 말과 행동은 물론 생각까지도 통제하려고 하지. 70년도 더 전에 나온 책인데 지금 읽어도 전혀 위화감이 없어. 현실을 봐. 곳곳에 CCTV가 설치되어 있어. 이미 대한민국은 CCTV 공화국이라고 할 수 있지.

나유식: 생각해 보면 어딜 가든 'CCTV 촬영 중'이라는 문구가 있는 것 같아요. 그런데 왜 이렇게까지 늘어난 거지?

CCTV(closed circuit television)는 '폐쇄 회로 TV'를 뜻하는 영어 약자야. 특정한 장소나 시설 등에 카메라를 연결한 후, 유선으로 연결된 TV를 통해 카메라가 촬영한 화면을 볼 수 있는 장치를 뜻하지. 우리나라에서는 주로 안전을 지키기 위해 방범용으로 이용하는데, 교육용, 산업용 등으로도 다양하게 사용하고 있어.

거리를 지나다 보면 아주 쉽게 CCTV를 찾을 수 있을 거야. 우리나라에는 얼마나 많은 CCTV가 설치되어 있을까? e-나라지표에 따르면 2020년에 설치된 정부 공공 기관의 CCTV는 약 133만 대라고 해.

버스나 지하철의 안과 밖, 도로 옆 거리에도 몇 미터 단위로 공공 CCTV가 설치되어 있지. 이뿐이겠어? 우리나라에는 공공 CCTV 외에도 무수히 많은 민간 CCTV가 작동하고 있어. 자동차 안에 설치되어 있는 블랙박스, 상점이나 아파트에 있는 CCTV까지 어디에서나 쉽게 CCTV를 찾을 수 있지. 이런 민간 CCTV는 무척 빠른 속도로 퍼지고 있는데, 파악하기가 쉽지 않아. 과학기술정보통신부가 조사한 바에 따르면 이미 2014년에 약 800만 대 이상의 CCTV가 설치되어 운영되고 있었어. 지금은 훨씬 더 많아졌겠지.

나유식: 헉, 정말 CCTV에 둘러싸여 사는 거네요!

동방삭: 그래, 그렇다면 우리는 하루 동안 CCTV에 얼마나 등장
할까?

나유식: 음…… 한 번? 아니, 두 번은 더 나올 것 같기도 하고.

동방삭: 놀라지 마, 수도권에 사는 사람들의 경우 하루 평균 83번
정도 CCTV에 노출된다고 해. 하루에 방문하는 장소가
열 군데가 넘지 않는 사람들이 대부분인 것을 생각해 본
다면, 우리가 움직이는 모든 곳에 CCTV가 설치되어 있
다는 뜻이겠지.

CCTV 설치 현황

(단위: 대)
■ 5,000이상
■ 4,000이상~5,000미만
■ 3,000이상~4,000미만
■ 2,000이상~3,000미만
■ 2,000미만

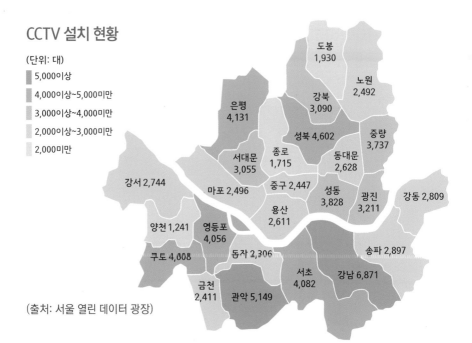

도봉 1,930
노원 2,492
은평 4,131
강북 3,090
성북 4,602
중랑 3,737
서대문 3,055
종로 1,715
동대문 2,628
강서 2,744
마포 2,496
중구 2,447
성동 3,828
광진 3,211
강동 2,809
용산 2,611
양천 1,241
영등포 4,056
구로 4,008
동작 2,306
송파 2,897
금천 2,411
관악 5,149
서초 4,082
강남 6,871

(출처: 서울 열린 데이터 광장)

이건 서울시의 구마다 설치되어 있는 CCTV의 대수란다. 2021년 12월 말 기준이지.

동방삭: 아까 내가 너의 행동을 지켜보았던 것도 CCTV를 통해서였어. 비단 나뿐만 아니라 누구든 너를 지켜보고 있을 수 있지.

나뮤식: 윽, 그렇게 생각하니 소름 끼치는데요? 요즘 만들어진 CCTV는 화질도 꽤 좋지 않나요?

그래, 초기의 CCTV는 화질도 나쁘고 정확하지 않아서 별 소용없다는 평가가 많았어. 하지만 점차 카메라 기술이 발달하면서 정확하고 선명한 화면 촬영이 가능해졌지. 갈수록 현장만 촬영하는 단순형 CCTV는 줄어들고, 촬영한 장면을 분석해 내는 지능형 CCTV가 늘고 있어.

이러한 인터넷과 CCTV의 결합은 조지 오웰의 소설 속 내용이 현실이 될지도 모른다는 우려를 낳고 있지.

나유식: 열 받는다! 나한테도 엄연히 초상권이라는 게 있는데! 허락도 받지 않고 나를 마구 찍어 대는 거잖아요.

맞아, CCTV가 보급되면서 사람들이 가장 많이 걱정했던 것은 개인의 사생활 침해 문제였어. 범죄와 상관없는 사람들의 사생활까지 모두 녹화하는 것은 개인의 자유로운 생활을 방해할 수 있으니까. 게다가 CCTV의 취약한 보안과 해킹으로 인한 자료 누출이 또 다른 문제가 되고 있어.

나유식: 아, 뉴스 봤던 것 같아요. 외국 불법 사이트에서 우리나라 CCTV 영상이 그대로 생중계되고 있었던 사건 말하는 거죠?

동방삭: 맞아. 800개가 넘는 CCTV가 해킹되고 있었던 거지.

나유식: 으, 진짜 소름!

동방삭: 이런 일들 때문에 CCTV 영상이 오히려 범죄에 이용될 수 있다는 우려까지 나오고 있는 실정이지.

사생활 침해와 범죄 악용 등의 문제를 걱정하면서도 사람들은 계속 CCTV를 늘리려 하고 있어. 묻지 마 범죄 등 예측할 수 없는 범죄가 늘었기 때문이지. 그래서 전문가들은 급격하게 확산

되고 있는 CCTV에 대해 사회적 합의가 이루어져야 할 시점이
라고 충고하고 있어.

스마트폰을 이용한 신종 사기, 왜 막지 못할까?

연관 검색어: #스미싱 #파밍 #피싱 #사이버_범죄

스웩녀 님이 나유식 님께 선물을 보냈습니다. https://bit.ly/ⒼⒾⒻT.com

나유식: 헉, 누나가 나한테 선물을! 뭐지? 뭘 보낸 거지?

동방삭: 안 돼, 클릭하지 마!

나유식: 뭐라는 거예요! 지금 누나한테 선물을 받았는데 뭔지 확인도 안 한다는 게 말이 돼요?

[블랙카우] 고객님의 휴대폰으로 100,000원이 결제되었습니다.

나유식: 헐, 이게 무슨 일이지?

동방삭: 뭐긴. 당한 거지.

나유식: 터치 한 번으로 10만 원이 결제되다니!

동방삭: 넌 방금 스미싱 범죄에 당한 거라고.

나유식: 스미싱이요?

정보 통신 환경의 발달로 우리나라는 대다수의 국민이 스마트폰과 인터넷을 이용하고 있지. 덕분에 생활은 무척 편리해졌지만, 이와 연관된 범죄도 늘고 있어. 특히 스마트폰을 이용한 사기 범죄는 매년 증가하고 있단다.

나유식: 으악, 정보 통신 강국이라는 우리나라에서 사이버 금융 사기를 막지 못하다니, 이게 말이 돼요?

동방삭: 그러게 내가 누르지 말랬잖아.

사이버 금융 범죄 발생 현황

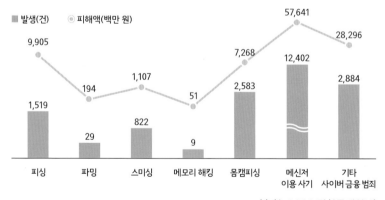

(출처: 2020 경찰통계연보)

스마트폰을 이용하다 보면 하루에도 수차례 문자가 와. 대부분의 사람들은 아무 의심 없이 문자를 열어 보지. 특히 중요해 보이는 문자라면 더욱 그럴 거야. 그런데 이런 문자를 잘못 눌렀다가 피해를 보는 사람들이 늘고 있어. 자칫하면 스미싱 범죄에 이용될 수도 있거든.

스미싱은 SMS(short message service, 단문 메시지)**와 피싱을 결합해서 만든 말이야.** 사이버 범죄의 일종이지. 범죄자들은 스마트폰으로 인터넷 주소가 포함되어 있는 문자를 보내. 사용자가 인터넷 주소를 누르는 순간 스마트폰에 악성 코드가 설치되도록 만들어져 있어. 악성 코드가 설치된 스마트폰에 작은 금액을 결제시키거나 스마트폰에 저장되어 있는 개인 정보를 빼내서 다른 범죄에 이용하기도 하지.

나유식: 하지만 이렇게 문자가 오면 확인할 수밖에 없겠던데요?

동방삭: 맞아. 범죄자들은 '택배 위치 확인'이나 '교통 법규 위반 통지서'처럼 꼭 눌러 봐야 할 내용으로 문자를 보내기 때문에 대부분의 사람들은 별 의심 없이 문자 속 인터넷 주소를 누르게 되지. 그러면 일이 벌어지는 거야.

일단 인터넷 주소가 포함된 문자는 스미싱일 가능성이 높으니까 함부로 누르면 안 된다는 것을 명심해.

스미싱은 대부분 소액 결제 사기가 많아서 한 달 뒤 청구서에 적혀 있는 몇천 원짜리 과금을 알지 못하는 사람들이 많아. 알아차린다 해도 금액이 적어서 경찰에 신고하지 않는 사례도 빈번하고. 대부분의 사이버 금융 사기 피해 금액은 20만 원 이하거든. 그러다 보니 일반인을 대상으로 한 스미싱 사기가 끊이지 않고 있어.

나유식: 이런 교묘한 수법으로 사기를 치다니!

동방삭: 스미싱 외에도 파밍, 피싱 등 범죄의 수법은 아주 다양하단다.

나유식: 대체 그게 뭔데요?

파밍은 악성 코드로 PC를 감염시킨 후, 금융 정보를 빼내는 수법이야. 악성 코드에 감염된 PC에서는 은행이나 보험 회사 등의 인터넷 사이트를 접속해도 사기꾼들이 만들어 놓은 사이트로 연결되기 때문에 사용자들은 사기를 당하는지도 모른 채 정보를 입력하게 되지.

피싱은 은행이나 보험 회사를 가장해서 보낸 이메일을 이용해 사람을 속이는 방법이야. 사용자가 이메일에 포함된 은행 인터넷 주소를 누르면, 사기꾼들이 만들어 놓은 은행 사이트로 접속하게 돼. 은행 업무를 보기 위해 그 사이트에서 보안 카드 번호를 입력하면, 사기꾼들이 그 정보를 이용해 실제 은행에서 돈을 훔쳐 가는 거야.

인터넷에 익숙하지 않은 노인들을 대상으로 하는 보이스 피싱 사건도 많이 일어나고 있어. 보이스 피싱의 경우 초기에는 자녀가 납치를 당했다며 돈을 보내라는 전화가 많았어. 그런데 요즘에는 금융 감독원이나 은행을 사칭해서 통장에 있는 돈이 위험하다며 얼른 안전한 곳으로 옮기라고 부추기는 방식으로 기법이 점점 교묘해지고 있어.

사이버 금융 사기는 중국이나 동남아시아 등의 컴퓨터 서버를 이용하는 경우가 많아. 그래서 발각되어도 잡기가 쉽지 않지.

물론 은행이나 정부에서 보안 카드를 비롯해 백신 프로그램, OTP, 생체 인식 등 사이버상에서 개인들의 금융 재산을 지킬 수 있는 방법을 연구하고 있어. 하지만 사이버 금융 사기단들도 새로운 방법이 나올 때마다 그 방법을 역으로 이용하는 또 다른 금융 사기 기법을 도입하고 있어서, 계속 새로운 피해자가 발생하고 있어.

나유식: 좋은 머리를 왜 그런 데 쓰담? 나나 주지, 내가 아주 좋은

일에 써 줄 텐데!

동방삭: 허허, 어쩔 수 없지. 안타깝지만 이런 건 각자가 최대한
조심하는 수밖에 없어.

기본적으로 은행이나 나라에서 제공하는 방법을 따라야 하지
만, 무엇보다 개인이 좀 더 세심하게 디지털 기기를 사용하는 것
이 중요해. 우선 PC가 바이러스나 악성 코드에 감염되지 않도록
출처가 정확하지 않은 메일이나 파일은 열어 보면 안 돼.

문자를 볼 때에도 문자 속 인터넷 주소는 함부로 누르면 안
돼. 안전하다고 확인된 내용이 아니면 되도록 메일이나 문자 속
인터넷 주소를 클릭하지 않는 습관을 들여야 해.

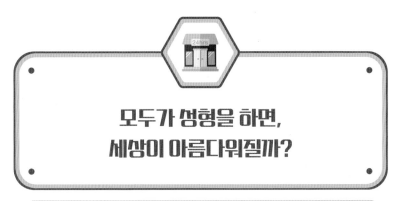

모두가 성형을 하면, 세상이 아름다워질까?

연관 검색어: #성형_미인 #성형_수술 #눈만_찢을까 #코만_세울까

nayusik 어, 오늘 학교에서 본 얼굴이랑 너무 다른데?
12분 전　　답글 달기

　　　　bora_0727 @nayusik 미래의 연보라 미리 보여 드림
　　　　9분 전　　답글 달기

　　　　nayusik @bora_0727 ㅋㅋㅋ미래의 얼굴이야?
　　　　7분 전　　답글 달기

　　　　bora_0727 @nayusik 응! 엄마랑 약속했어!
　　　　4분 전　　답글 달기

동방삭: 누구니? 참으로 고운 얼굴이구나!

나유식: 같은 반 친구예요. 실제로는 이렇게 안 생겼어요. SNS에
　　　　서만 이런 얼굴로 보이는 게 무슨 소용인지 모르겠어요.

　요즘은 TV나 인터넷, SNS 같은 시각 매체가 많이 발달했으
니, 옛날보다 보이는 것에 관심을 두는 건 당연한 일일지도 모르
겠구나. 성형 수술을 받으러 갈 때 평소 부러워하던 외모를 가진
연예인의 사진을 들고 간다고들 하니, 예쁘고 잘생긴 얼굴이 되
어야 한다는 강박들이 심한 게지.

나유식: 연예인과 똑같은 얼굴을 하게 된다고 모두가 예뻐질까요?

동방삭: 예뻐지긴 하겠지.

나유식: 그렇겠죠. 그런데 보라가 그렇게 얼굴을 고친다면 꼭 다른

사람처럼 느껴질 것 같아요.

동방삭: 그리고 보니 예전에 봤던 통계가 생각나는구나. 우리나라가 인구 대비 성형 수술을 가장 많이 하는 나라라던데.

물론 사람들이 성형 수술을 많이 하는 건 우리나라만의 현상은 아니야. 국제미용성형수술협회는 해마다 전 세계적으로 얼마나 많은 사람들이 성형 수술을 하는지, 어느 나라에서 성형 수술을 가장 많이 하는지를 조사한단다.

2020년 통계에 의하면 전 세계에서 성형 수술이 가장 많이 시행된 나라는 미국이야. 미국은 인구도 많고, 워낙 다양한 사람이 살아가고 있으니 그럴 수 있지. 그다음은 브라질과 독일, 일본 순으로 나타났어.

특히 독일은 코로나19 이후로 성형 수술이 크게 늘었다고 해. 상점이나 회사가 문을 닫고 혼자서 지내는 시간이 길어지면서 자신을 돌아볼 시간도 늘고, 화상 회의를 하며 컴퓨터 화면을 통해 장시간 자신의 모습을 보면서 외모에 관심을 두게 되었다는 거야. 여행을 떠나지 못하고 소비가 줄면서 성형 수술을 할 수 있는 목돈이 마련되었다는 것도 원인으로 꼽히고 있지.

전 세계적으로 외모에 대한 관심이 높아지면서 성형 수술은 꾸준히 증가했어. 우리나라 역시 간단한 시술 정도는 방학이나 주말에 받을 정도로 접근이 쉬워졌지. 뛰어난 기술을 인정받아 코로나19 이전에는 성형 관광으로 한국을 찾는 외국인들도 많았어.

동방삭: 자, 한번 생각해 보자꾸나. 사람들은 왜 예뻐지려고 하는 걸까?

나유식: 성형 수술을 하는 가장 큰 이유는 다른 사람의 외모가 부러워서라던데, 외모가 예뻐지면 다른 사람들로부터 더 나은 대접을 받을 수 있을 거라 기대해서가 아닐까요?

그래. 취업할 때조차 외모 스펙이라는 말이 있을 정도로 학력이나 외국어 실력을 쌓는 것만큼 좋은 인상도 중요해졌지. 물론 잘생기고 예쁜 얼굴과 좋은 인상은 다르지만, 사람들은 대개 그 두 가지를 비슷하다고 생각한다. 그래서 성형 수술에도 관심이 높아지고 있어. 예전에는 젊은 여성들이 주로 예뻐 보이기 위해 성형 수술을 했다면, 요즘에는 더 좋은 직장과 더 나은 인간 관계를 위해 성형 수술을 하는 사람들이 늘고 있지. 이건 외모로 그 사람의 가치를 판단하는 현대 사회의 단면을 그대로 보여 주는 현상이라고 할 수 있어.

동방삭: 옛날엔 낙인을 지우고 자존심을 세우기 위해 고통을 참으

면서 성형 수술을 했는데…… 세상이 참 많이 변했어.

나유식: 옛날에도 성형 수술을 했어요?

그래, 성형 수술의 역사는 생각보다 오래되었어. 기원전 10세기 즈음 인도나 이집트 지역에서 처음 성형 수술이 시작되었다고 해. 기원전 인도에서는 부정이나 중범죄를 저지른 경우, 전쟁 포로가 된 경우에 평생 지울 수 없는 낙인을 형벌로 내렸어. 코를 자르는 형벌이었지.

이 형벌에는 문제가 있었어. 나중에 진짜 범인이 밝혀지는 억울한 경우가 생기기도 하고, 사고로 코를 다쳤는데 죄인 취급을 받기도 했던 거야. 이런 사람들을 위해 어떤 의사가 나섰어. 그 의사는 그들의 잘린 코를 다시 세워 주었지. 당시에는 마취가 발달하지 않아 수술을 받는 사람은 생살이 찢기고 기워지는 과정을 고스란히 견뎌야 했어. 하지만 명예 회복을 위해 엄청난 고통을 참아 낸 거지.

나유식: 요즘도 고통스럽긴 마찬가지예요. 하지만 예뻐지고 싶어서 뼈를 깎는 고통을 참는 거죠.

동방삭: 예뻐지고 싶은 마음이 그만큼 간절한가 보군.

나유식: 당연하죠. 저도 그렇고 제 친구들 대부분의 관심사가 외모

예요. 키, 몸매, 피부, 다이어트, 헤어스타일……. 뭐, 그런 거요.

동방삭: 다들 아직 어린 친구들인데 외모보다는 다른 것에 신경 쓰며 자랐으면 좋겠구나.

나유식: 하지만 우리는 다른 사람을 처음 볼 때 가장 먼저 얼굴을 보게 되잖아요. 보고 나면 평가하게 되고요. TV만 틀어도 잘생기고 예쁜 연예인들이 엄청 많이 나오는데……. 어떻게 자유로울 수 있겠어요?

동방삭: 나유식, 넌 어떤 사람이 되고 싶니?

나유식: 엄청 똑똑하고 힘이 세서 아무도 무시 못 하는 사람이요!

동방삭: 오, 스웩녀 남자 친구라고 할 줄 알았는데?

나유식: 헐! 이 나유식을 뭘로 보시고……. 누구 남자 친구 되는 게 제 꿈은 아니에요. 그리고 아저씨랑 공부하니까 뭔가에 대해서 알아 가는 게 재밌어졌거든요.

동방삭: 듣던 중 반가운 소리구나. 아무튼, 어떤 사람이 되고 싶은지 물었을 때, 사람들은 저마다 다른 대답을 하겠지. 하지만 "다른 사람한테 잘생겼다, 예쁘다는 말을 듣는 사람이 되고 싶어요."라고 하는 사람은 아무도 없을 거야.

나유식: 그래도 잘생겨지고 싶은 게 잘못은 아니잖아요. 전 스웩녀 누나에게 멋져 보이고 싶은걸요!

동방삭: 그럼. 당연히 그럴 수 있지. 내 말은, 우선순위를 두었으면 좋겠다는 거다. 외모 가꾸는 것을 다른 중요한 일들 뒤에 놓는 거야. 공부 열심히 하기, 취미 갖기, 운동하기, 봉사 활동하기, 외모 가꾸기 뭐 이렇게. 그렇게만 생각해도 예뻐져야 한다, 잘생겨 보여야 한다는 강박에서 좀 더 벗어날 수 있을 게다.

나유식: 보라가 이 얘기를 같이 들었다면 좋았겠네요.

동방삭: 네가 전해 주면 되지.

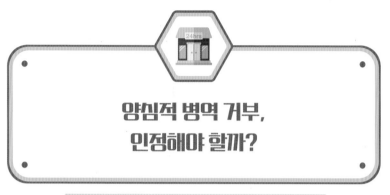

양심적 병역 거부,
인정해야 할까?

연관 검색어: #징병제 #모병제 #양심적_병역_거부
#분단국가 #국방의_의무

나유식: 그나저나 이제 곧 방학인데 어떡하죠?

동방삭: 방학은 예나 지금이나 학생들이 가장 좋아하는 기간 아니니?

나유식: 학교에 안 가도 되는 건 좋죠. 하지만 그러면 스웩녀 누나를 볼 수 없다고요.

동방삭: 허허, 나중에 군대에 들어가면 어찌 견디려고.

나유식: 하아, 우리나라는 왜 남자들이 무조건 군대에 가야 하는 건지 모르겠어요.

동방삭: 그야 우리나라는 분단국가라서 국방의 의무가 국민의 의무니까 그렇지.

법에서 정하는 특별한 예외 조건이 아니라면 대한민국의 성인

44   24시 시사 편의점

남자는 무조건 군대에서 일정 기간을 보내야 해. 이것을 지키지 않으면 처벌을 받게 되어 있지. 6·25 이후 우리나라에서는 약 2만 명의 사람들이 군대를 가지 않아 재판을 받아서 법적으로 처벌을 받았어.

나유식: 헉, 처벌이라면 혹시 감옥에 가는 건가요? 군대 안 가면 무조건 감옥에 가나요?

동방삭: 90퍼센트 이상이 감옥에 갔지. 그건 국민으로서의 의무 이니까.

그런데 '양심적 병역 거부'로 군대를 가지 않으려는 청년들이 있어. 양심적 병역 거부는 종교나 개인의 신념에 따라 군 복무를 거부하는 행위야.

나유식: 양심적으로 군대를 안 간다고요? 양심이란 착하고 나쁜 것을 판단하는 생각 같은 건데…… . 양심적으로 치킨 다리는 남길 수 있어도, 군대에 안 간다는 건 잘 이해가 안돼요.

동방삭: 그럴 거야. 하지만 자세한 상황을 들으면 이해가 될걸. 우리나라 헌법에는 국방의 의무가 있지만, 제19조에 '양심의

자유'라는 조항이 있어. 모든 국민은 양심의 자유를 가진다는 내용이지.

양심의 자유란, 생각의 자유 같은 거야. 예를 들면, 사상의 자유, 표현의 자유, 결사의 자유, 토론의 자유 같은 거지. 양심적 병역 거부자들은 우리 헌법에 보장된 '양심의 자유'를 근거로 군에 입대하거나 병역의 의무를 거부하지. 전쟁을 거부하는 경우, 군복무는 받아들이지만 총을 드는 것을 거부하는 경우, 군복무뿐만 아니라 대체 복무까지 거부하는 경우 등이 있어.

하지만 양심적 병역 거부자라고 해도 군대에 가지 않으면 재판을 받아야 해. 2004년까지 대법원은 유죄 판결을 계속 내렸고, 헌법재판소 역시 2011년까지 병역 거부자를 처벌하는 판결을 내렸지.

그런데 2015년부터 하급심에서 병역거부자들에게 무죄를 선고하는 경우들이 늘어났어. 헌법 재판소에서는 양심적 병역 거부에 대한 합헌 여부를 놓고 공개 토론이 벌어지는 등 국방의 의무를 주장하는 사람과 양심적 병역 거부를 외치는 사람들 사이의 갈등이 커졌지.

마침내 2018년에 헌법재판소는 대체 복무 자체를 원천 봉쇄한 병역법은 위헌이라고 판결하면서 양심적 병역 거부자들의 손을 들어 주었고, 대법원에서도 양심적 병역 거부자를 무죄로 판결했어.

2020년부터 양심적 병역 거부자는 대체 복무를 할 수 있게 되었어. 군대에 가지 않는 대신에 교도소에서 36개월간, 하루 8시간씩 근무하지. 하지만, 모든 양심적 병역 거부자를 대체 복무로 받아 주지는 않아.

나유식: 그런데요, 군대 다녀온 사람은 비양심적이란 말인가요? 군대 다녀온 사람들은 억울할 거 같아요.

동방삭: 후훗, 그런 말은 아니지. 우리나라는 특히 양심적 병역 거부를 반대하는 국민들이 많아. 왜냐하면, 우리나라는 징병제라서 국민 모두가 병역 문제와 직접, 간접적으로 연관돼 있거든. 그래서 다른 어떤 나라보다 병역 문제를 중요하게 보고 있지.

나유식: 다른 나라에도 양심적 병역 거부자들이 있나요?

우리나라뿐만 아니라 대부분의 나라에서는 외부 세력으로부터 자국의 영토와 국민을 보호하기 위해 군대를 운영하고 있어. 지원한 사람들이 군대에 가는 모병제를 시행하는 나라도 있고, 우리나라나 이스라엘처럼 징병제를 운영하는 나라도 있어. 징병제는 국민에게 강제적으로 병역의 의무를 부여하는 제도야. 징병제를 실시하는 나라에서는 오래전부터 양심적 병역 거부가 사회적 논란이 되어 왔어. **양심적 병역 거부는 종교나 비폭력 가치관을 지키기 위해 군대 징병을 거부하는 행동**을 말해. 병역은 나라에서 법으로 정한 국민의 의무이기 때문에 이를 어길 경우 처벌을 받게 되지. 많은 나라에서 이들의 가치관을 존중해 군대가 아닌 사회봉사나 공익 활동으로 대신 의무를 지게 하는 대체 복무제를 시행하고 있어.

나유식: 와, 그럼 나도 대체 복무제를 하면 되겠네요?
동방삭: 대체 복무제는 일반 군대보다 훨씬 복무 기간이 길단다.

2018년 이전에는 양심적 병역 거부를 한 청년들에게 실형을 선고하기도 했어. 국제 인권위에서는 가치관을 존중받을 권리가 있으므로 양심적 병역 거부에 실형을 선고하는 것은 인권 침해라 주장했지. 2019년 대체 복무 관련 법을 만들면서 감옥에는 가지 않게 되었지만, 현역보다 긴 기간을 교정 시설에서 합숙하면서 대체 복무를 해야 하는 등 징벌적 성격이 강해서 논란이 되고 있어.

나유식: 윽, 양심을 지키려는 것뿐인데 너무하네요!

동방삭: 그렇게 단순하게만 볼 수 없는 문제란다. 군대에 가는 남자들 대부분이 20대 초반이라는 걸 생각해 보렴. 너라면 어떨 거 같니?

나유식: 완전 꽉 막힌 곳에서 18개월이요? 너무 싫죠!

동방삭: 그렇지? 많은 사람들이 나라를 지키기 위해 군대에 가는 것을 당연한 의무라 생각하지만, 몇몇 사람들은 군인으로 지내는 기간에 큰 손해를 입는다고 생각하기도 해. 그래서 어떠한 이유를 만들어서라도 병역을 피하려고 하지. 교정 시설에서 오랜 기간 근무하도록 하는 것은 단순한 병역 기피자와 양심적 병역 거부자를 구별해 내려는 방법 중 하나라고 할 수 있어.

나유식: 어려운 문제네요.

맞아. 정말 어려운 문제야. 우리나라는 오랫동안 휴전 중이기는 하지만 분단국가인 만큼 징병제를 쉽게 포기할 수 없는 것이 현실이란다. 그렇다고 소수자의 권리를 무시해서도 안 돼. 민주주의란 다양성의 가치를 존중하는 사회를 말하니까. 하지만 형평성의 문제도 고민해야 해. 군대가 좋아서 가는 사람보다는 지켜야할 의무라서 가는 사람이 많을 테니까, 적어도 제 의무를 다하는 사람들이 억울한 일을 겪어선 안 되지.

나유식: 으악, 머리가 빙글빙글 돌아요.

동방삭: 하하, 이런 고민과 토론, 논쟁과 개선을 통해 우리나라
가 점점 더 살기 좋은 나라가 되는 거란다.

어른들이 왜
장난감을 좋아할까?

연관 검색어: #키덜트 #애어른 #장난감_갖고_노는_어른 #로봇 #취미

 나웬수

> 야, 나유식! 너 내 로봇 손댔냐?

나유식

> 내가 그걸 왜 손대?

 나웬수

> 솔직히 말해, 내 진열장에 있던 아이언맨이 옆으로 2밀리미터 움직였어! 로봇이 스스로 움직였을 리 없잖아! 그러니까 범인은 바로 너!

나유식

> 정신 차려, 대학생이 로봇이나 갖고 놀면서 부끄럽지도 않냐?

 나웬수

> 내 로봇들은 나의 자존심이자 재산이야!

나유식: 우리 형은 대학생인데 애 같아요. 아직도 로봇 장난감을 갖고 논다니까요!

동방삭: 요즘 TV 프로그램이나 SNS에서 방 안 가득 로봇을 진열해 놓고 뿌듯하게 바라보는 사람들을 종종 볼 수 있지.

나유식: 대체 왜 그러는 걸까요?

예전에는 어른이 되어서도 인형이나 장난감을 좋아하는 사람을 마치 철이 덜 든 사람처럼 취급하곤 했어. 하지만 요즘에는 이런 어른들을 키덜트라고 부르며, 이들의 취미를 인정하고 있지.

키덜트(kidult)**는 영어 키드**(kid, 아이)**와 어덜트**(adult, 어른)**를 합쳐서 만든 말이야.** 번역하자면 아이 같은 어른이랄까. 어렸을 때 가지고 놀았던 장난감이나 인형, 캐릭터 상품을 어른이 되어서도 즐겨 찾는 사람들을 뜻하지. 비행기나 전투함을 실제 모양대로 축소해 놓은 프라모델이나 만화 영화 속 캐릭터의 피규어나 관절 인형 상품들이 대표적인 키덜트 상품이라고 할 수 있어.

예전에 키덜트 상품은 마니아들이 수집하는 물건으로 간주되었어. 하지만 요즘은 많은 사람이 취미 생활로 즐기고 있지. 제품의 종류도 다양해져서 조립 제품 중심에서 캐릭터를 응용한 생활용품, RC 제품, 드론까지 폭넓게 확대되고 있어.

키덜트 시장 규모는 한 해 1조 6000억 원이 넘을 정도로 어마어마해. 이렇게 키덜트 시장이 커지다 보니 2014년부터는 서울 코엑스에서 키덜트 페어가 열리고, 곳곳에 키덜트 상점이 생기기도 했어. 백화점이나 대형 유통 매장, 온라인 쇼핑 사이트에서도 키덜트 코너가 따로 마련되었지. 코로나19의 장기화로 집 안에 머무는 시간이 늘면서 키덜트 관련 제품이 인기를 끌었다고 해. 장난감 업체나 대형 마트 등에서 이들의 취향을 겨냥한 제품을 연달아 출시하기도 했지.

나유끼: 어른이 왜 장난감을 좋아할까요? 이상해, 정말!
동방삭: 허허, 어른이라고 장난감을 좋아하지 말란 법이 어디 있겠니.

키덜트 상품이라고 하면 많은 사람들이 만화 영화와 피규어를 떠올리지. 어린 시절 가지고 놀았던 인형이나 장난감 같은 것이니까. 키덜트를 이해하지 못하는 사람들은 이런 의문을 품을 거야. 어른이 되면 다른 재미있는 것들이 많을 텐데, 왜 아이 때 가지고 놀았던 장난감을 계속 갖고 놀려는 걸까?

이유는 저마다 다르겠지만 어떤 사람들은 어릴 때 마음속에 느꼈던 감동이나 느낌을 다시 느끼고 싶어서라고 하더구나. 그것은 어른이 되어서도 사회에 적응하지 못하는 어린아이 같은 정신 상태와는 다른 것이지.

  대체로 키덜트의 심리를 어린 시절의 향수를 통해 현재의 스트레스를 풀고, 마음을 안정시키기 위해서라고 해석하는 사람이 많아. 또 어떤 학자들은 어른이 되어서 얻는 책임감이나 의무, 스트레스에서 도망가고 싶은 마음에서 키덜트 상품을 찾는 것이라고 분석하기도 해. 어른에게 적합해 보이지 않는 물건이나 콘텐츠(만화·영화 등)를 소비함으로써 그런 스트레스를 잠시 잊는다는 것이지.

동방삭: 뭐, 이런 이유를 떠나서라도 내가 좋아하는 걸 어울리지 않는다는 이유로 숨길 필요는 없지 않겠니? 그게 무엇이든 간에.

나유식: 정말 그래요. 결심했어요! 저도 나중에 어른이 될 때를 대비해서 지금 실컷 놀면서 추억을 쌓아야겠어요!

동방삭: 어째 너 좋은 방향으로만 해석하는 것 같다?

동네 고양이에게
먹이를 줘도 될까?

연관 검색어: #캣맘 #유기묘 #울음소리 #중성화_수술

나유식: 아저씨 뭐 하세요?

동방삭: 아, 우리 편의점 근처에 길고양이들이 많아서, 걔네들 먹을 밥을 좀 챙겨 주고 있었다.

나유식: 와, 고양이 있어요? 그동안 왜 못 봤지? 언제 와요? 오면 안아 봐도 돼요?

동방삭: 아서라. 길고양이들은 만지면 안 돼.

나유식: 왜요?

동방삭: 사람이랑 친해져서 걔네한테 좋을 게 없어. 경계심은 길고양이들의 생존 수단이란다.

나유식: 하긴. 지난번에 우리 집 근처에서도 싸움 났어요. 길고양이 밥을 주네 마네 하면서요. 자칫 잘못하면 나쁜 사람들이 해코지할지도 모르겠어요.

동방삭: 우리나라에서 길고양이에 대한 논쟁은 아주 유구하지.

나유식: 고양이들 돌보는 게 뭐 어때서!

동방삭: 이 이야기를 하려면 우리나라에 길고양이들이 왜 이렇게 많아졌는지부터 생각해 봐야겠지?

핵가족이 늘어나면서 사람들은 사람이 아닌 동물과 가족을 이뤄 살아가기 시작했어. 농림축산식품부에 따르면 2020년 기준으로 638만 가구에서 860만 마리의 반려동물을 키운다고 해. 하지만 반려동물이 늘어갈수록 길거리에 버려지는 강아지나 고양이 수도 늘고 있어. 이렇게 늘어나는 유기견, 유기묘는 사회의 또 다른 문젯거리가 되고 있어. **길에 버려진 동물을 돌봐 주는 사람들을 애니맘이라 불러. 그중에서도 유기묘를 돌보는 사람들을 캣맘이라 부르지.** 캣맘들은 주로 자기 집 근처에 살고 있는 고양이들에게 먹이나 물을 제공해 주며 보살핌 활동을 하고 있어. 강아지들은 이곳저곳을 떠돌아다니지만 고양이들은 자기 영역을 정해 놓고 살기 때문에 캣맘과 고양이들 사이에는 가족 같은 관계가 형성되는 경우가 많다고 해.

캣맘들의 활동은 2000년대 이후에 본격적으로 확산되었어. 버려지는 고양이의 숫자가 2000년 이후 급격히 늘어났기 때문이야. 우리나라에서는 한 해 약 3만 마리 정도의 유기묘가 발생하고 있는데, 유기 동물 보호소로 입소하는 유기묘는 극히 일부에 불과하대. 나머지 고양이들은 길거리에서 먹고 자는 생활을 이어 가고 있는 거야.

나유식: 아니, 버려진 고양이를 돌보는 사람들에게 상을 주지는 못할망정 왜 싫어하는 거죠?

동방삭: 네 생각엔 왜 그런 거 같니?

나유식: 아, 제가 그러면 길고양이를 싫어하는 사람 입장에서 질문을 할게요. 아저씨가 대답해 주세요.

동방삭: 그거 참 기특한 발상이로구나.

나유식: 음……. 길고양이들을 보살펴 주는 사람이 있으면 거기가 안전하다고 생각해서 길고양이들이 모여들 것 같아요. 그러면 점점 고양이들이 많아지고, 그러다 보면 문제도 생기지 않을까요?

고양이는 영역 동물이란다. 자기 영역을 철저히 지키지. 먹이를 준다고 해서 그곳으로 우르르 모여들지 않는다는 뜻이야. 게다가 정기적으로 먹이를 받는 길고양이는 음식물 쓰레기봉투를 뜯지 않아서 거리의 환경을 해치지도 않는단다. 그래서 지방 자치 단체가 발 벗고 나선 곳도 있어. 서울시 강동구청에서는 구내에

약 40여 곳의 고양이 급식소를 마련해 동네 고양이들이 안정적으로 먹이를 구할 수 있도록 돕고 있단다. 강동구, 중랑구를 포함한 서울뿐만 아니라 경기도 구리시, 대구광역시, 제주 서귀포시 가파도 등 고양이 급식소는 전국으로 확산되고 있지. 지자체 말고도 개인이나 민간단체에서 고양이 급식소를 설치해서 고양이를 돌보는 경우도 많아.

나유식: 그렇구나. 나라에서까지 나설 정도면 고양이 밥을 주는 게 나쁜 건 아니네요!

동방삭: 너는 반대하는 사람 입장을 이야기하기로 했잖아.

나유식: 아차차, 깜빡했다. 어, 또 뭐가 있지. 아! 발정기 때 고양이 울음소리가 정말 시끄럽던데요. 고양이들이 짝짓기 해서 새끼를 낳고, 또 그 새끼가 발정기 와서 시끄럽게 굴고 또 새끼가 새끼를 낳고……. 완전 악순환일 것 같아요.

동방삭: 고양이는 출산 횟수가 강아지나 비슷한 크기의 다른 동물들에 비해 많은 편이기는 하지. 만약 그대로 두면 한두 마리의 고양이가 1년 후엔 수십 마리로 불어날 수 있어.

나유식: 그쵸! 이번에 완전 날카로웠죠? 완전 예리했죠?

그래서 우리나라에서는 길고양이의 개체 수 조절을 위해 적극적으로 중성화 수술을 시행하고 있단다. 경기도는 '길고양이 중성화의 날'을 열기도 했고, 길고양이들을 돌봐 주는 사람들도 TNR(trap neuter return) 활동을 돕고 있지. TNR은 길고양이와 시민들이 공존하기 위한 방법이라고 볼 수 있어.

하지만 무엇보다도 길고양이에 대한 인식이 달라져야 해. 인간 중심의 사고에서 벗어나 함께 공존할 수 있는 방법을 모색해야 하지. 2017년 말 서울 관악구에서 동네 고양이 관련 마을버스 광고가 등장했어. 이후 서대문구를 비롯한 여러 지역에서 동네 고양이 인식 개선을 위한 광고가 진행되고 있어. 지역 동네 고양이 단체인 서대문구길고양이동행본부(서동행)에서는 2018년부터 서대문구 마을버스와 버스 정류장 곳곳에 동네 고양이에 관한 광고를 싣고 있어. "그 많던 쥐는 다 어디 갔을까?", "길

에서 태어났지만 우리의 이웃입니다", "함께살 개 해달 냐옹!"과 같은 밝고 경쾌한 문구와 이미지로 동네 고양이에 대한 인식을 편안하고 푸근한 이미지로 바꾸려고 노력하고 있지. 동네

◀ 서대문구청에서 진행하는
동네 고양이 돌봄 같이 (출처: 서대문구 홈페이지)

고양이를 보듬고 함께 살려면 어떻게 해야 하는지를 알려 주는
강의도 꾸준히 진행하고 있어.

나유식: 사람들 생각이 바뀌어서 길고양이들도 행복해졌으면 좋
　　　　겠어요.

동방삭: 이제 반박은 더 안 하는 게냐?

나유식: 네. 인간들만 사는 세상도 아닌데 너무 야박해요!

동방삭: 그러게 말이다. 자기보다 약한 존재를 보듬어 줄 수 있
　　　　는 사람이야말로 진짜 강한 것이라는 사실을 많은 사람
　　　　들이 깨달았으면 좋겠구나.

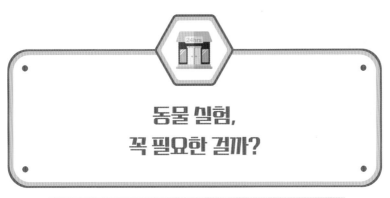

동물 실험,
꼭 필요한 걸까?

연관 검색어: #동물_실험 #화장품 #의약품_개발 #안전성

 동물 수호자
4월 24일

#귀여운 토끼와 한 컷!
"토끼를 지켜 주세요!"
이 예쁘고 귀여운 토끼가 동물 실험의 희생양이 되고 있어요. 토끼에게 약을 주사하고, 안전성을 테스트하는 거예요. 여러분, 토끼가 무슨 죄입니까! 토끼를 지켜 주세요!
동물 실험 반대에 관심 있는 사람은 '좋아요'를 눌러 주세요.

👍 알파독, 고구마 탐정 외 1.1만 명   댓글 2.5천 개   공유 1.5천 회

나유식: 윽, 동물을 상대로 실험을 하다니! 절대 반대! '좋아요' 누르고 애들한테도 공유해야지.

동방삭: 그러고 보니 오늘이 세계 실험동물의 날이구나.

나유식: 그게 뭐예요?

동방삭: 이놈아, 방금 네가 '좋아요' 눌렀잖아. 저 토끼와 같은 동물들을 위한 날이란 소리야. 1979년 4월 24일에 영국 동물실험반대협회가 만들고, UN이 공식 기념일로 지정했지.

나유식: 그렇구나. 동물들이 너무 가엾어요. 동물 실험이 꼭 필요한 거예요?

필요하지. 동물 실험으로 우리가 얻은 이점이 굉장히 많단다. 과학자들은 동물 실험을 통해 백신, 약물, 치료법을 개발할 수 있었거든. 최초의 항생제 페니실린이나 당뇨병 치료제인 인슐린도 그렇고 최근 코로나 백신도 동물 실험을 통해 개발할 수 있었어. 1901년 이후로 수여된 모든 노벨 생리학 및 의학상 중 89퍼센트가 동물 실험을 통해 유의미한 결과를 얻은 경우들이었지. 이처럼 인간의 의학사는 동물 실험을 빼놓고는 이야기할 수 없단다.

하지만 과거 동물 실험을 통해 이만큼 놀라운 발전을 이루었으니 이제부터라도 동물의 희생을 최소화하기 위한 노력이 필요한 것도 틀림없는 사실이야.

나유식: 그런데 기념일로 지정해야 할 만큼 실험동물이 많아요?

2021년 우리나라의 동물 실험에 사용된 실험동물 수는 488만 마리 정도야. 2012년 183만 마리보다 3배 가까이 늘었지. 실험동물 수는 꾸준히 증가하다가 2019년 약간 줄었지만, 다시 그 수가 증가했고 여전히 많은 동물이 실험과 연구를 위해 이용되고 있어.

동물 실험에 사용된 실험동물 수

(출처: 농림축산검역본부)

나유식: 헉, 생각보다 훨씬 많네요. 도대체 무슨 실험을 하길래 이렇게 많은 실험동물이 필요한 건데요?

동방삭: 우리나라는 의약품을 제작하려면 '법적인 요구 사항을

만족하는 규제 시험'이 있어. 그 규제 시험에 통과하려면 동물 실험이 필수적이거든. 전체 실험동물 중 규제 시험에만 43.4퍼센트의 동물들이 이용된단다.

나유믹: 그런 거라면 약의 효과를 알아야 하니까 어쩔 수 없긴 하겠네요.

동방삭: 그렇게 생각할 수도 있지. 그런데 아래 그림을 보렴.

동물 실험 비율

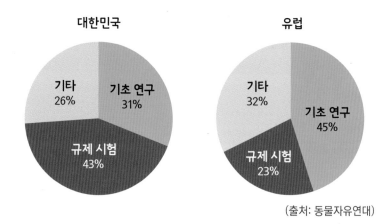

(출처: 동물자유연대)

EU의 경우 2017년 기준 규제 시험 때문에 동물 실험을 하는 비율은 23퍼센트에 불과하고, 실험동물들 대부분이 기초 연구 분야에 이용되고 있어. 그래서 우리나라의 규제 시험에 따른 동물 실험은 법적 기준을 통과하기 위한, 말 그대로 형식적인 실험이 많다는 주장도 있단다.

동물 실험 시 고통의 분류 등급 기준	
A등급	식물, 세균, 원충 또는 죽은 생물체를 이용하는 실험.
B등급	거의 스트레스를 주지 않음.
C등급	단시간의 경미한 통증이나 스트레스가 가해짐.
D등급	중등 이상의 고통이나 억압을 동반함.
E등급	극심한 고통이나 억압, 또는 회피할 수 없는 스트레스를 동반함.
※B~E등급: 살아 있는 척추동물을 사용하는 교육 또는 연구.	

문제는 이뿐만이 아니야. 동물 실험은 동물이 느끼는 고통에 따라 A등급에서 E등급까지 총 여섯 단계로 나뉘는데, 우리나라는 전체 실험동물의 70퍼센트 이상이 가장 극심한 고통을 겪는 D, E등급의 실험에 이용되었단다. 미국의 경우 대부분의 실험동물이 경미한 고통을 겪는 B, C등급에 사용됐고, 높은 고통을 겪는 D, E등급 비율은 29.4퍼센트에 불과했어. 특히 D, E등급 비율은 매년 감소하고 있다는 게 의미 있는 지표이지. 유럽 역시 가장 심각한 고통을 초래하는 단계는 10퍼센트 내외에 그치고 있어. 우리나라와는 정반대이지.

나유식: 동물도 인간처럼 고통을 느낄 수 있잖아요. 우리를 위해 죄 없는 동물들을 희생시키는 건 너무해요.

동방삭: 동물들이 불쌍하다는 접근도 나쁜 건 아니지만, 이건 불합리하다는 관점으로 볼 수도 있어. 동물 실험이 필요하지 않은데도 절차상 필요하기 때문에 동물들을 실험에 동원하는 건 불합리한 것 같지 않니?

나유식: 맞아요. 동물 실험을 완전히 없앨 수 없다면 반드시 필요한 상황에서만 이용했으면 좋겠어요.

동방삭: 이 이야기를 들으면 아주 기겁을 하겠구나.

나유식: 뭔데요?

동방삭: 예전엔 학교에서도 개구리 해부 실습을 했어. 그것도 동물의 신체 구조를 이해하기 위한 것이었으니 동물 실험 중 하나이지.

나유식: 헐! 학교에서요?

동방삭: 그래. 생명 존중 교육에 위배된다는 이유로 2009년에 교육 과정에서는 빠졌는데, 교내 방과 후 수업이나 학원에서 여전히 해부 실습을 했지.

2012년부터 2015년까지 전국의 초·중·고 해부 실습으로 희생된 동물 수는 약 11만 마리에 다다른단다. 동물의 고통도 문제이지만, 정신적 충격을 호소하는 학생들도 많았어. 그래서 2020년엔 미성년자의 동물 해부 실습은 원칙적으로 금지됐어.

대신 농림축산검역본부 동물보호과에서 '동물해부실습 대체 실감형 콘텐츠'를 만들어서 배포하고 있단다. 증강 현실을 통해 해부 실습을 간접적으로 체험할 수 있는 프로그램이야. 스마트 폰이나 태블릿PC에 애플리케이션을 설치하면 누구나 이용할 수 있지. 실제 개구리를 해부해 보는 것처럼 실감 난다고 하더구나.

나유식: 그렇게 동물들이 고통을 겪지 않고 대체할 수 있는 방안 이 더 많아져야 해요!

동방삭: 맞아. 그래서 실제로 동물 실험을 하지 않아도 되는 방법 에 대해 많은 사람들이 고민 중이란다. 기술이 발달하면 서 많은 가능성이 생겼어. 사람의 장기와 조직 구조가 같 은 인공 장기 '오가노이드(organoid),' 사람 뼈와 동일한 기 능을 가진 '뼈 모사 칩' 같은 게 바로 그런 것들이지. 실 제로 적용되려면 아직 시간이 더 필요하겠지만 말이다.

동물 실험에는 3R 원칙이 있단다. Replacement(대체), Reduc-tion(감소), Refinement(개선). '대체'는 동물을 이용하지 않는 실험 을 최우선시하자는 원칙이야. '감소'는 말 그대로 실험동물의 수 를 줄이자는 이야기지. '개선'은 불가피하게 동물 실험을 진행해 야 한다면, 동물의 고통을 최소화하기 위해 노력해야 한다는 것이란다.

나유식: 인간을 위해 동물을 이용해야만 한다면 그 정도 원칙은
지켜야죠!

동방삭: 다들 유식이 너처럼 생각했으면 좋겠구나. 생명이 달려
있는 문제인 만큼 왜 동물 실험을 해야 하는지에 대해 진
지하게 고민한 뒤에 모든 실험이 이루어져야 할 거야.

정부가 못하는 일,
국민이 하면 안 될까?

연관 검색어: #비정부기구 #NGO #환경_보호
#그린피스 #세이브_더_칠드런

원숭이도 지식인으로 만들어 주는
원시일보

지구 온난화로 북극 빙하가 빠르게 녹고 있다!
이 와중에 진행 중인 어느 정유 회사의 석유
시추* 추진 논란

입력 20xx.0x.xx. 오전 6:15   수정 20xx.0x.xx. 오전 8:19

 남지오 기자

유럽의 정유 회사인 쉘이 북극에서 석유를 시추하겠다고 밝혔다.
이 소식을 접한 환경 단체는 크게 반발하고 있다. 환경 단체들은 북
극에서 석유를 개발하면, 깨끗한 북극이 오염될 것이며, 빙하는 더
빠른 속도로 사라질 것이라고 주장하고 있다. 하지만 미국은 북극
지역에 묻혀 있는 석유를 개발해 더 많은 자원을 확보하기 위해 석
유 개발을 승인해 주었다.

*시추: 지하자원을 탐사하거나 지층을 조사하기 위해 땅속 깊이 구멍을 파는 일.

나유식: 이 기사를 보니 몇 년 전에 본 동영상이 생각나요. 어떤 예술가들이 쉘 본사 앞에서 진혼곡을 연주하며 반대 시위를 하고, 북극곰 탈을 쓴 채 '석유 개발을 멈추라!'라고 쓰인 플래카드를 들고 있었어요.

동방삭: 그린피스 회원들인 모양이로구나.

나유식: 그린피스요?

동방삭: 그린피스는 지구와 인류를 지키기 위해 정부가 하지 못하는 일을 찾아 나서는 국제 환경 보호 단체를 말해.

나유식: 와, 그런 멋진 사람들이 있다니!

동방삭: 제2차 세계 대전 이후 국제 무대에 등장한 새로운 세력이지.

NGO는 민간단체가 중심이 되어 만들어진 비정부 국제 조직을 뜻해. 비영리적인 공공의 이익을 목적으로 전 세계인들이 연대하여 활동하지. 환경 보호를 위한 그린피스, 이 세상 모든 아동들을 위한 세이브 더 칠드런과 월드비전, 의료 지원이 필요한 사람들을 위한 국경없는의사회가 대표적인 NGO 단체라고 할 수 있지.

나유식: 들어 본 적 있어요. 좋은 일을 한다는 건 아는데 뭐 하는 곳들인지는 잘 몰라요. 불쌍한 사람들을 돕는 거예요?

동방삭: NGO 활동가들은 수혜자라고 부른다. 국가가 도와줄 수 없는 사각지대에 있거나, 제도 안에 있더라도 더 직접적인 도움의 손길이 필요한 사람들을 돕지.

NGO가 활동하는 영역은 인간에 한정되어 있지 않아. 멸종 위기에 처한 동물들이나, 심각하게 훼손된 자연환경들도 포함하지. 한마디로 인간 사회와 연결되어 있지만 스스로 목소리를 낼수 없는 존재들까지 NGO는 관심을 기울이고 있는 것이란다.

다양한 나라에서 자국의 이익을 앞세우며 외면하고 있는 공익적인 문제에 대해 적극적으로 문제를 제기하고, 여러 가지 행동 강령들을 실천해 가고 있어. 정부와 기업에 대응해 사회의 중심 축을 이룬다는 의미에서 제3 섹터로 불리기도 하지.

나유식: 제3 섹터라면, 제1 섹터, 제2 섹터도 있는 건가요?

동방삭: 그렇지. 제1 섹터는 국가 영역, 제2 섹터는 시장 영역, 제3 섹터는 제 1섹터와 제 2섹터에서 외면 당한 문제를 해결하기 위해 조직된 비영리 영역으로 구분하지. NGO(비정부조직)나 NPO(비영리조직), 시민사회단체 등이 제 3섹터에 속해.

2022년 2월 전쟁이 벌어진 우크라이나에는 엄청나게 많은 이재

민과 난민이 생겼어. 전 세계 주요 NGO들은 즉시 우크라이나와 가까운 나라들로 활동가들을 파견했지. 그들은 우크라이나를 탈출한 난민들이 먹고 자고 씻을 수 있는 공간을 마련해 주었어.

나유식: 전쟁이 일어나는 곳까지 망설임 없이 달려가다니, 정말 대단해요.

동방삭: 맞아. 대단하지. NGO는 이렇게 재해나 전쟁 등으로 고통 받는 사람들을 위한 구호 단체이기도 하지만, 좀 더 멀리서 보자면 변화를 위해 활동하는 사람들이라고 볼 수도 있어. 가령 아픈 어린이를 돕는다고 하면 돈으로 그 병만 치료해 주면 끝이 아니고, 멸종 위기 동물을 구하는 것도 동물 보호구를 만든다고 끝이 아니란다.

아픈 어린이에게 치료비를 지원하고, 치료 후 아이가 평범한 생활로 돌아갈 수 있도록 도와주어야 하지. 더 나아가 또 다른 아픈 어린이들이 돈이 없어 치료를 포기하는 일이 있는지 알아보고, 이를 도와줄 정책이 있는지 살피고, 없거나 부족하다면 제도적으로 이것을 보완하도록 국가에 요청해야 돼. 멸종 위기의 동물들 역시 그런 상황에 처하게 된 게 사람들의 남획 때문인지, 서식지가 줄어서인지, 기후 변화 때문인지, 이 모든 게 종합적으로 원인이 된 것인지 알아보고 그에 맞는 해결책을 하나하나 풀어 나가야 한단다. 길고 어려운 싸움이지.

나유식: 헉. 말만 들어도 너무 힘들 것 같아요. 그런데 비영리적인 단체라고 하면 돈을 못 버는 것 아닌가요? 저런 활동들을 하는 돈은 어디서 나는 거예요?

동방삭: 대부분 사람들의 후원으로 이루어진단다. 유식이 너 길 가다가 스티커 붙여 보라면서 말 거는 사람들 없었니?

나유식: 아, 있었어요! 저소득층 아이들에게 가장 필요한 도움이 뭔지 물어보는 질문이었어요. 전 잘 몰라서 제일 스티커 많이 붙은 데다가 붙이긴 했는데…….

동방삭: NGO 활동가들은 바로 그렇게 사람들에게 문제점을 알리고 후원을 부탁한단다. 활동가들이 우산도 없이 비를 맞는 사람들에게 우산을 씌워 주는 사람이라면, 후원가들은 그 우산을 제공하는 사람들이라고 볼 수 있지. 그러니까 NGO의 활동은 쉽게 말해서 공익 실현이라고 말할 수 있어.

나유식: 공익 실현이요?

동방삭: 응. 대부분의 사람들은 공동체에 속해서 크고 작은 혜택을 받으며 살아. 그러므로 우리도 어려움을 겪는 사람들이

편의와 혜택을 누릴 수 있도록 도와야 해. 우리가 언제 어떤 자리에서 공동체의 손길을 기다리게 될지 모르기 때문이지. 모든 사람들에게 더 나은 세상이 되도록 노력하는 것을 공익 실현이라고 한단다.

우리나라가 곧
초고령화 사회가 된다고?

연관 검색어: #고령화 #출산율 #노령화_인구 #동방삭_나이

 원숭이도 지식인으로 만들어 주는
원시일보

〈속보〉 2025년, 우리나라 5인 중 1인은 노인

입력 20xx.0x.xx. 오후 3:46   수정 20xx.0x.xx. 오후 4:28

🙍 나비온 기자

통계청 주요 인구 지표에 따르면 2025년이면 전체 인구의 20퍼센트가 65세 이상이 될 것이라고 합니다. 이는 우리나라 인구 5인 중 1인에 해당하는 수치로 초고령화 사회 문턱에 진입했다고 할 수 있습니다. 2035년에는 자그마치 인구 30퍼센트가 노인일 거라는 충격적인 사실이 발표되었습니다. 이상 동방삭 연구소였습니다.

 나유식: 요즘 우리 동네에 꼬마들 보기가 하늘의 별 따기예요.

그 많던 아이들이 갑자기 어디로 사라진 걸까요?

동방삭: 그러게. 나라가 어찌 되려고 아이들은 줄고 노인만 늘어
　　　　가는지······.

나유식: 출산율이 고작 0.75퍼센트라면서요? 왜 이렇게 출산율
　　　　이 낮은 걸까요?

동방삭: 출산율이 떨어지고 노인 인구가 늘어나는 것은 전 세계
　　　　적인 추세야. 하지만 우리나라처럼 빠른 노령화는 심각
　　　　한 사회 문제를 유발한다.

　**노령화는 사회를 이루는 인구 구성에서 노인 인구가 점점 높아지
는 현상**을 말해. 사회가 늙어 간다고도 말하지. 새로 태어나는
아이의 증가 속도보다 사망으로 줄어드는 노인 인구의 감소 속
도가 느리다는 뜻이야.

　의료 기술과 생활 환경이 좋아지면서 사람들은 예전보다 훨씬
오래 살게 되었어. 물론 그래도 나 동방삭 님과 비교하자면 세
발의 피밖에 안 되겠지만 말이야. 반대로 아이를 키우는 부담을
안기 싫어하는 사람이 늘어나면서 태어나는 아이는 점점 줄고
있지.

　특히 우리나라의 출산율은 빠른 속도로 낮아지고 있단다. 여
성의 사회 진출 기회는 늘었지만, 실제 육아와 결혼 생활을 지원
해 줄 사회 기반 시스템이 부족해서 여성들이 출산을 기피하는

현상이 커졌기 때문이지. 여성 혼자서 아이를 낳고 키우면서 일까지 병행하는 건 불가능해. 그래서 임신을 하면 일을 그만두는 경우가 많아. 하지만 그렇게 일을 그만두고 아이를 키우다 보면 경력 단절이 되어 다시 사회로 복귀하기가 어려워. 그래서 아이를 낳고 싶어도 낳지 못하는 부부도 있단다. 여성들이 일을 하면서도 아이를 낳고 키울 수 있는 사회적 시스템과 분위기가 조성되어야 하는 이유지.

두 사람이 결혼해서 자녀를 두 명 이상 낳아야 그 사회의 인구수가 유지될 수 있어. 우리나라는 1980년대 이후 출산율이 2퍼센트 미만으로 떨어졌고, 2015년 이후로 계속 떨어지고 있어.

동방삭: 문제는 출산율이 떨어지면서 상대적으로 노인 인구의 비율이 계속 늘고 있다는 거야. 우리나라의 노령화 지수는 갈수록 높아져서 152나 되었어.

나유식: 노령화 지수가 뭐예요?

동방삭: 14세 미만의 어린이에 비해 노인이 얼마나 많은가를 비교하여 숫자로 표시한 것을 노령화 지수라고 해.

노령화 지수가 높으면 그만큼 그 사회에 노인 인구가 많다는 의미야. 우리나라는 2000년대에 들어서면서 65세 이상 고령 인구가 전체 인구에서 차지하는 비중이 7퍼센트를 넘는 '고령화 사회'가 되었어. 그리고 2017년에는 고령 인구의 비율이 14퍼센트가 넘는 '고령 사회'가 되었지. 2025년에는 고령 인구의 비중이 20퍼센트가 넘는 '초고령 사회'로 전환될 전망이라고 해.

연령 계층별 인구 구성비

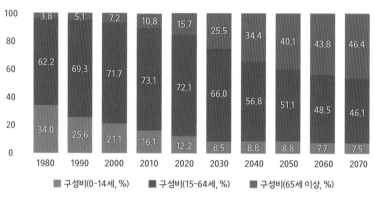

(출처: 통계청, 2020)

나유식: 우리나라보다 의료 기술이나 경제 여건이 좋은 선진국들은 아직 고령화 사회가 되지 않았나요?

동방삭: 다른 나라들의 사정도 우리와 크게 다르지 않단다.

미국의 경우 1942년에 고령화 사회가 되었고, 2015년 고령 사회에 진입했지. 독일은 1932년, 프랑스는 1864년에 이미 고령화 사회가 되어 오랜 기간 고령화 사회를 보내고 있어. 그런데 여기서 주목해야 할 부분은 고령화 사회에서 고령 사회로 옮겨 가는 데 걸린 시간이야.

프랑스가 고령화 사회에서 고령 사회로 넘어가는 데 자그마치 115년이 걸렸어. 하지만 우리나라는 단 18년밖에 걸리지 않았어.

사회의 나이 들어가는 속도가 느리면 준비할 수 있는 시간이 충분하지만, 우리처럼 너무 짧은 시간에 사회가 늙어 버리면 제대로 준비도 못 하고 초고령 사회를 맞을 수밖에 없어. 의료 시설이나 기타 다른 사회 복지 시설도 고령 사회에 맞게 준비해야 하는데 그럴 시간적 여유가 없어지는 것이지.

국가를 비롯해 사회, 가정에서 눈앞으로 다가온 고령 사회를 대비하기 위한 준비가 시급해. 고령 사회에 대한 국민적 자각에서부터 사회적 제도와 시설까지 분주히 준비해야 할 시기라고 할 수 있어.

나유식: 그래서 무슨 문제가 생기는 거예요?

동방삭: 뭐?

나유식: 아까 빠른 노령화는 심각한 사회 문제를 유발한다면서요? 근데 무슨 문제가 벌어지는지는 얘기 안 해 주셨잖아요.

동방삭: 허허, 내 이야기를 열심히 듣는 것 같더니 제법 예리해졌구나.

나유식: 제가 좀 배우는 게 빨라요.

동방삭: 경제 용어 중 생산가능인구라는 것이 있단다.

생산가능인구란, 만 15세부터 64세까지 경제 활동을 할 수 있는 청장년층을 말해. 아까 태어나는 아이가 점점 줄고 있다고 했지? 그 말인즉 생산가능인구도 점점 줄어든다는 거야. 이 생산가능인구 100명이 부양해야 할 65세 이상의 인구수를 '노년부양비'라고 해. 우리나라는 점점 이 노년부양비가 늘어나고 있는 추세란다. 일하는 사람들의 고령층 부양 부담이 커진다는 소리지.

노년부양비 전망

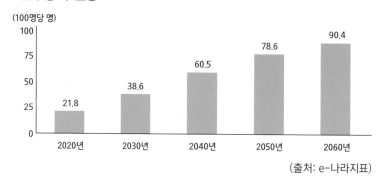

(출처: e-나라지표)

나유식: 헉, 2040년이면 저도 일하고 있을 것 같은데…….

24시 시사 편의점

동방삭: 맞아. 이대로라면 너희가 경제 활동하는 나이가 되었을 때 부담해야 하는 세금이 무척 늘어나게 될 거야. 이 외에도 노인 다섯 명 중 한 명이 독거노인이고, 이들은 사회적으로 고립되어 있어 도움이 필요한 상황에도 도움을 요청할 곳이 없단다. 우리나라는 노인 인구 비중이 날이 갈수록 늘어 가는데 노인 빈곤율도 무척 높은 편이라 제도적으로 보완이 필요한 상황이야. '고독사' 같은 것이 대표적인 예지.

나유식: 아, 인터넷에서 본 적 있어요. 할머니 할아버지들이 혼자 사시다가 돌아가셨는데 아무도 몰라서 뒤늦게 발견됐다고……. 그런 일이 점점 더 많아질지도 모른다니, 빨리 여러 대책이 나왔으면 좋겠어요.

동방삭: 네가 세금을 더 많이 내게 된다고 해도 말이냐?

나유식: 네! 저도 언젠가는 할아버지가 될 거고, 아저씨가 그랬잖아요. 우리도 언제 어떻게 도움의 손길을 필요로 하게 될지 모르니까 모두가 더 잘 사는 세상이 되어야 한다고요.

동방삭: 허허, 녀석 참 기특한지고. 가르친 보람이 있구나.

요즘 세대를 왜
N포 세대라고 할까?

연관 검색어: #포기_세대 #결혼_포기 #취업_포기 #출산_포기
#이번_생은_망함

나유식
형님!

 나웬수
야, 갑자기 무섭게 왜 그래?

나유식
나 용돈 좀!

 나웬수
꺼져.

나유식
에휴, 다른 형들은 알바해서 번 돈으로
동생 용돈도 주고 그런다던데.

 나웬수
나 공부하느라 바쁘거든?

24시 시사 편의점

나유식

뭐래, ㅋㅋ

나웬수

이 형의 목표는 대학 졸업과 동시에 취업하는 거야.
두고 봐, 형은 반드시 해낸다.

나유식

포기하시지. 형 실력으론 어림도 없어.

나웬수

이 자식, 다른 건 몰라도 취업만은 포기할 수 없어!
취업을 해야 결혼도 하고 애도 낳고 할 거 아니겠니?
이럴 시간 없다. 동생아, 형 공부하는데 방해하지 마라.

나유식: 우리 형은 취업 잘하려고 대학교에 간 거 같아요.

동방삭: 그래, 요즘 대학생들은 취업을 목표로 삼고 공부한다고
하더구나.

나유식: 형이 그러는데 우리 같은 흙수저들은 N포 세대가 되지
않으려면 공부밖에 답이 없대요.

동방삭: 그나마 취업을 하더라도 겨우 열정 페이만 받고 일하는
경우가 대부분이지. 휴, 참 살기 힘든 세상이야.

나유식: 그런데 N포 세대라는 게 정확히 뭐죠?

동방삭: N포 세대는 포기할 것의 가짓수가 N개에 달하는 청년
층을 지칭하는 말이란다.

N은 정해지지 않은 수를 표시하는 수학 용어야. **N포 세대는 정해지지 않은 많은 것을 포기해야 하는 상황을 비유한 말이지.**

이 말의 원조는 2011년 한 신문 기사에서 처음 등장한 3포 세대라고 볼 수 있어. 직장은 구하기 어렵고, 집값, 물가가 올라가는 상황에서 청년들이 연애는 물론 결혼, 출산 등 인생의 중요한 세 가지를 포기하도록 내몰리고 있다는 기사였지.

이후 연애, 결혼, 출산과 함께 집, 인간관계까지 포기한다는 5포 세대, 그 모든 것을 넘어 더 많은 것을 포기한다는 N포 세대까지 점점 힘들어지고 있는 청년층의 상태를 나타낸 새로운 말이 속속 등장했어.

동방삭: N포 세대 등장 이후 가장 많이 달라진 게 뭔지 아니?

나유식: 음, 뭘까요?

삶에 대한 인식 변화야. N포 세대가 등장한 이후 현재의 행복을 중요하게 여기는 욜로족과 소박하지만 확실한 행복을 뜻하는 소확행을 추구하는 사람들이 늘었어. 미래에 대한 기대가 없기 때문에 오늘, 지금 이 순간의 행복에 충실하자는 심리가 발현된 것이라 볼 수 있지.

이에 따라 결혼에 대한 생각도 많이 달라졌어. N포 세대가 가장 많이 포기하던 항목인 '결혼'이 이제는 해도 좋고, 하지 않아도 좋은 선택 사항이 되었지. 2020년 통계청 조사에 따르면, 남자는 35퍼센트 정도, 여자는 47퍼센트 정도가 결혼을 해도 좋고, 하지 않아도 좋다고 답변했다고 해. 반드시 해야 한다고 답한 비율은 남자가 19.7퍼센트, 여자가 13.9퍼센트로 무척 낮게 나왔지. 비혼주의를 추구하는 비혼족도 늘고 있어. 이건 아주 심각한 문제란다. 결혼을 하지 않는다는 것은 곧 출산도 생각하지 않는다는 것이기 때문에 우리 경제 구조에 큰 영향을 미칠 수 있거든.

연도별 신생아 수

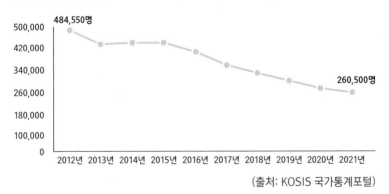

(출처: KOSIS 국가통계포털)

아까 우리나라는 다른 나라에 비해 고령화 속도가 빠른 편이라고 얘기했지? 갈수록 줄어드는 신생아는 고령 사회 가속화의 중요한 원인으로 꼽히고 있어. 점차 우리나라는 일할 사람이 줄어들어 외국에서 노동자를 들여와야 할 수도 있어.

동방삭: 이런 상황이 벌어지면 여러 가지 사회 문제가 생길 거
야. 어떤 문제가 생길 거 같니?

나유식: 우리나라의 일할 사람들 특히 젊은 청년들이 힘들어질
것 같아요.

동방삭: 그렇지! 점점 미래를 내다보는 지성인이 되어 가고 있
구나!

이런 상황에서 필요한 건 청년들이 좌절하고 포기하지 않게 도
와주는 사회적 시스템이야. 청년들이 자립할 수 있게 독려하는
사회적인 분위기 역시 조성되어야 할 거야. 또한, 변화하는 시대
적 흐름에 맞춰 출산 장려 계획도 달라져야 해. 2021년 여성가
족부가 발표한 '제4차 건강가정기본계획'에 따르면 정부는 혼인,
혈연으로 맺어진 관계가 아닌 동거나 사실혼 가정, 학대 아동 위
탁 가족의 경우에도 법률상 가족으로 인정받을 수 있도록 건강가
정기본법을 개정하기로 했다고 밝혔어. 이에 따른 주거, 의료 보
험, 세제 혜택 등의 제도적인 정비가 필요할 거야. 그리고 비혼
주의자나 비혼주의자의 출산을 이상하게 바라보거나 비난하지
않고, 사회 구성원으로 인정하고 받아들이는 태도가 꼭 필요해.

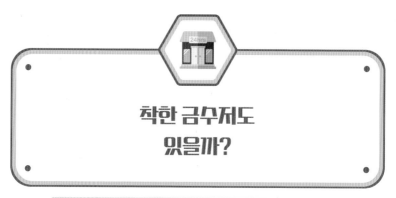

착한 금수저도
있을까?

연관 검색어: #금수저 #노블레스_오블리주 #경주_최부자
#아너_소사이어티

bora_0727
보라

좋아요 3,321개
bora_0727 그동안 학교 다니면서 열심히 노력한 나를 위한 작은 선물······
1시간 전

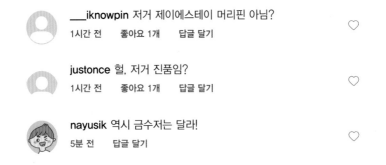

나유식: 하, 누가 금수저 아니랄까 봐 저런 머리핀을 아무렇지도 않게 사다니. 나라면 용돈을 몇 달 동안 모아도 못 살 텐데.

동방삭: 허허, 네 친구는 금수저인 모양이로구나.

우리가 쓰는 말 중엔 상류층을 가리키는 여러 가지 말이 있어. 부자인 부모에게 태어난 사람을 뜻하는 '금수저', 상대적으로 우월한 지위나 상황을 이용하여 상대에게 영향력을 행사하는 '갑'까지. 돈과 권력, 사회적 명망이 높은 사람을 우리는 상류층이라고 말해.

우리나라는 평등한 사회임에도 불구하고, 이렇게 사회적 계급을 나타내는 새로운 말들이 생겨나고 있어. 그런데 사람들이 흔히 부자들을 말할 때 쓰는 '노블레스 오블리주'가 무슨 뜻인지 아니?

노블레스 오블리주는 프랑스 말이야. 고귀한 신분을 이르는 노블레스와 책임 또는 의무를 뜻하는 오블리주가 결합하여 만들어진 말이지. 이건 높은 신분에 맞는 도덕적 의무를 뜻해.

귀족이나 부자들은 사회 안에서 부와 명예를 얻었기 때문에 이에 상응하는 도덕적 의무를 사회에 다시 돌려주어야 한다는 의미이지. 신분이 높을수록 더 큰 책임을 져야 한다는 뜻이겠지.

노블레스 오블리주라는 말은 1800년대 한 프랑스 정치가가 처음 사용했단다. 1800년대 초의 프랑스는 시민 혁명이 일어난 직후로 귀족들의 무책임한 행동에 사람들의 불만이 폭발하던 때였어. 이때 생겨난 노블레스 오블리주는 오랜 기간 사실 서양에서 사회 지도층이 지켜야 할 철학 사상으로 이어져 내려왔어.

초기 로마 시대부터 현대에 이르기까지 많은 사회 지도층들이 사회가 어려움에 부닥쳤을 때 솔선수범해서 어려운 상황을 헤쳐 나갔지. 제2차 세계 대전이 일어났을 때 유럽의 유명 대학교 학생들이 전투에 앞장서 참여했던 일이나, 6·25 때 미군 장성들의 아들이 100명 넘게 참여했던 일들 모두 노블레스 오블리주의 사례로 꼽히고 있어.

동방삭: 우리나라에서는 경주 최 부자 집의 선행이 대표적인 노블레스 오블리주의 사례로 꼽혀. 캬, 경주 최 부자 그 양반은 참 사람도 좋고 인심도 후했지.

나유식: 친한 것처럼 말하시네요.

동방삭: 뭐, 아주 친분이 없다고도 할 수 없지. 경주 최 부자 집

사람들은 일정 규모 이상의 재산이나 관직은 갖지 않고, 주변에 굶어 죽는 사람이 없게 하는 것이 철칙이었단다.

나유먹: 오, 제법 개념 있는 사람들이었나 봐요.

동방먹: 그뿐이 아니었지. 그들은 흉년에는 땅을 사지 않았어. 남의 불행을 이용하지 않았던 거야. 이렇게 도덕적인 삶을 실천한 덕에 약 400년 동안 만석꾼을 유지했던 거란다.

나유먹: 요즘은 그런 부자를 찾기가 어려워졌어요.

사회 계급이 사라진 현대의 노블레스 오블리주는 어떤 모습이어야 할까? 현대의 귀족은 사회, 경제, 정치적으로 좀 더 나은 위치를 점하고 있는 사람들을 지칭할 수 있어. 시대가 바뀌어도 사회의 주요한 일을 결정하는 데 결정적인 영향을 미칠 수 있는 사람들이 현대의 귀족에 포함되겠지.

현대 사회의 노블레스 오블리주는 사회에서 좀 더 나은 위치에 있는 사람들이 마땅히 가져야 할 정신적, 도덕적 의무란다.

미국의 상위 1퍼센트 부자들이 세금을 더 내게 해 달라고 정부에 요청하거나, 기업의 이익을 쪼개서 기부 재단을 운영하는 것들은 모두 노블레스 오블리주를 실천하는 방법이야. 우리나라에서는 1억 원 이상을 기부해야 가입할 수 있는 아너 소사이어티(고액기부자 클럽)가 활동 중이며, 매년 꾸준히 회원 수가 늘고 있다고 해.

아너 소사이어티 회원 현황

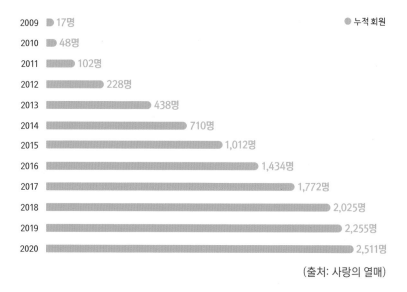

연도	누적 회원
2009	17명
2010	48명
2011	102명
2012	228명
2013	438명
2014	710명
2015	1,012명
2016	1,434명
2017	1,772명
2018	2,025명
2019	2,255명
2020	2,511명

● 누적 회원

(출처: 사랑의 열매)

아너 소사이어티에서는 기부 문화를 알리고, 개인의 기부를 독려하기 위한 다양한 활동을 이어 가고 있어.

현대 사회의 귀족은 옛날처럼 세습되거나 타고나는 것이 아니야. 누구나 귀족이 될 수 있고, 역시 누구나 노블레스 오블리주를 실천할 수 있어. 주변을 돌아보고 나보다 어려운 형편의 사람들에게 작은 도움을 나눠 주는 것에서부터 시작할 수 있지.

신이 허용해 준 음식만
먹어야 한다고?

연관 검색어: #할랄 #수쿠크 #무슬림 #율법

원숭이도 지식인으로 만들어 주는
원시일보

4월 무슬림 최대 행사 라마단 시작,
부활절과 유월절 겹쳐 종교 갈등 우려

입력 20xx.0x.xx. 오후 9:23   수정 20xx.0x.xx. 오후 11:28

 이난비 기자

무슬림 최대 연례행사인 라마단이 시작됐다. 라마단은 약 한 달간 금식과 유흥을 금하는 기간으로, 이슬람교도들은 이 기간에 해가 떠 있는 낮에는 음식과 물을 먹지 않는다. 올해는 라마단 기간과 유대교 최대 명절인 유월절, 기독교 축일인 부활절이 겹쳐 종교 갈등에 따른 사태가 벌어지진 않을지 우려되고 있다.

나유식: 대체 무슬림이 뭐예요?

동방삭: 코란이라는 율법에 따라 독특한 생활 방식을 유지하며 살아가는 사람들을 말해. 그들은 음식을 비롯해 화장품 등을 자기들 방식대로 사용하고 있지.

전 국민이 무슬림인 이란과의 교역이 활발해지면서 국내 산업계에서 할랄과 수쿠크에 대한 관심이 높아졌어.

무슬림을 이해하려면 먼저 '할랄'에 대해 알아야 해. **할랄은 아랍어로 '허용할 수 있는'이라는 뜻이란다.** 무슬림들은 모든 생활을 코란이라는 책에 적힌 내용에 맞춰서 해. **코란에는 무슬림에게 '허용할 수 있는' 모든 행동과 말, 생활 방식을 할랄로 정해 놓고 있어.** 특히 우리나라에서는 주로 '할랄'이라는 말을 무슬림에게 허용된 음식을 말할 때 사용해.

무슬림들이 먹을 수 있는 음식에는 할랄 인증을 부여하는데, 무슬림들은 할랄 인증이 부착된 음식만 먹을 수 있어. 물론 할랄 식품이라 해서 다른 사람들이 먹는 것과 다른 특별한 재료가 쓰이는 것은 아니야. 채소를 비롯해 과일이나 쌀 등의 농산물은 모두 할랄 식품에 포함되기 때문에 무슬림들도 편하게 먹을 수 있어. 다만 살아 있는 생물의 경우 코란이 정한 방법과 순서대로 도축을 해야 할랄 인증을 받을 수 있어. 하지만 돼지는 코란이 정한 방법대로 도축해도 먹을 수 없단다.

나유식: 헉, 돼지고기가 얼마나 맛있는데!

동방삭: 무슬림들에게 돼지고기는 절대 먹어서는 안 되는 금기 식품이야.

나유식: 그럼 대체 뭘 먹어요?

동방삭: 무슬림들은 닭과 양, 소만 먹을 수 있어. 해산물의 경우 종교 분파에 따라 새우, 조개, 갑각류가 할랄에 포함되기도 하고, 포함되지 않기도 해.

할랄 인증은 세계 공통의 인증 기관이 없기 때문에 수입하는 나라에서 직접 생산 국가에 부여하고 있어. 나라마다 인증 마크가 조금씩 다르기 때문에 다양한 할랄 마크가 사용되고 있지.

우리나라에도 무슬림 인구가 늘면서 할랄 음식 재료를 구할 수 있는 곳이 늘어나고 있어. 각 도시의 이슬람 사원 부근이나 이태원 등 외국인들이 많은 지역의 식료품 가게 앞에서 할랄 인증 표시를 쉽게 만날 수 있단다.

   ◀ 다양한 할랄 인증 마크들

할랄 인증 마크는 식품뿐 아니라 화장품이나 다른 생활용품에도 사용되고 있어. 전 세계 19억 명이 넘는 이슬람 인구가 소비자이다 보니 다른 어떤 시장보다 경제적인 가치가 높게 평가되고 있지. 다국적 기업들은 물론 우리나라에서도 다양한 할랄 인증 제품들이 속속 개발되는 중이란다.

글로벌 할랄 산업 시장 규모

2017년
2조 1000억 달러

2024년
3조 2000억 달러

(출처: 한국무역협회)

나유식: 뭐가 이렇게 복잡하담. 우리가 무슬림들을 이렇게까지 배려하고 살펴야 하는 중요한 이유라도 있는 거예요?

동방삭: 허허, 세계에서 가장 많은 이슬람 종교인이 사는 곳은 중앙아시아 지역이야. 특히 석유 자원이 풍부한 중동 지역은 대표적인 이슬람 국가들이 차지하고 있다고.

나유식: 헉, 그럼 무슬림들은 대부분 부자겠네요?

동방삭: 1970년대 이후 활발한 자원 개발과 세계 경제 성장으로 이 지역의 국가들은 많은 돈을 벌었어. 석유를 판매해

벌어들인 돈이라 해서 오일 머니라고 부르지.

사실, 이슬람 율법에서는 옛날부터 돈을 빌려주고 이자를 받는 행위 자체를 금지해 왔어. 이슬람 은행에서는 돈을 빌려주고 이자를 받는 대신 그들만의 독특한 방법으로 금융 거래를 이어오고 있지. 대표적인 방법이 바로 '수쿠크'라는 거란다. **수쿠크는 이슬람 국가들이 발행하는 채권을 말해.**

이슬람에서는 어딘가에 투자했을 때, 투자한 금액에 대한 이자를 투자자에게 지급하지 않아. 대신 투자한 금액을 이용해 사업을 진행한 후, 벌어들인 수익금을 투자자에게 분배하지. 대부분 부동산이나 실제 만질 수 있는 물건에 투자하는 경우가 많아. 사업에 투자를 할 때에도 도박이나 술, 무기 관련 사업, 돼지와 관련된 사업에는 투자하지 못하게 하고 있어.

수쿠크의 계약이 끝날 때 채권을 가지고 오면 투자 원금을 돌려줘야 해. 만약 투자 원금을 돌려줄 수 없다면 투자했던 물건을 채권자에게 넘기거나 다른 사람에게 판매한 후 원금을 돌려주지. 파생 상품 등의 다른 금융 상품보다 도박성이 낮아서 안전한 상품으로 여겨진다고 해.

24시 시사 편의점

둘째 주
경제
지성인 되기

최저 임금, 과연 우리나라의 수준에 맞는 걸까? 부모 임금을 깎아서 청년 일자리를 만든다고? 투자를 받아 꿈을 이루는 방법이 있다고? 틈새시장을 공략하라는 게 무슨 말일까? 우리나라의 **살림살이** 상태 어떻게 확인할까? 부모님 식당 일을 도와도 **실업자**일까? 국가가 돈이 없어 외국의 빚을 못 갚으면 어떻게 될까? 국민의 재산을 정부가 팔아도 되는 걸까? 시장에 돈이 많으면 **정부는 왜** 다시 거둬들이려고 할까? 오르락내리락 환율이 대체 뭐야? 복지 국가가 되려면 세금을 많이 내야 한다고? 부자는 왜 세금을 더 내야 하는 걸까? 국가 신용 등급은 어떻게 정하는 걸까?

나는 돈을 사랑해!
돈도 나를 사랑하게 할 방법이 없을까?

 스웩녀

> 아, 사탐 문제집 사야 하는데……. 유식아, 너도
> 문제집 사야 되지?

나유식

> 그, 그런 거 같아요.

나유식: 오예, 누나가 데이트 신청을 했어! 이건 같이 서점에 가
　　　 자는 게 틀림없어!

동방삭: 대체 언제 그런 말을 했다는 거지?

　스웩녀 누나가 내게 데이트 신청을 했다. 나는 설레는 마음으로
집으로 달려갔다. 저금통에 얼마가 들어 있는지 확인해야 했기

때문이다.

서점에서 같이 책을 고르면서 그동안 내가 쌓아 온 교양 지식을 마음껏 뽐내는 거야. 그러면 누나도 나를 다시 보겠지? 원래 첫인상이 안 좋았을수록 반전 매력을 보여 줬을 때 효과가 배가 된다잖아! 누나가 나한테 반하면 어쩌지? 고백이라도 하면…….

"으하핫! 완전 신나!"

나는 너무 흥분한 나머지 들고 있던 저금통을 바닥에 내려쳤다. 와장창 소리와 함께 돼지 저금통이 박살 났고, 그 속에서 동전들이 우르르 쏟아졌다. 그런데 이게 웬일이람! 저금통에는 3,000원하고 몇백 원이 전부였다.

이걸로는 햄버거도 못 사 먹을 텐데. 엄마한테 용돈을 미리 달라고 할까? 그러면 엄마가 도끼눈을 하고서 그동안 준 용돈은 어디에 썼냐고 따져 물을 게 뻔했다. 이미 지난주에도, 지지난주에도 용돈을 가불했으니까…….

나는 고민하다가 형에게 용돈을 좀 얻어 보기로 했다.

"형, 나 용돈 좀 주면 안 돼?"

최대한 코 평수를 넓히고 굽신굽신 비굴한 자세로 물었다. 그러자 형이 나를 쓱 바라보더니 이런 말을 하지 뭔가.

"유식아, 넌 돈이 뭐라고 생각하니?"

"돈? 돈은 좋은 거지?"

"그래, 지금까지 살면서 가지고 있는 돈이 대체 뭔지, 그게 왜 중요한지에 대해 고민해 보지 않은 사람은 아마 없을 거야. 우리 모두는 하루에도 몇 차례씩 돈의 가치에 대해 고민하게 되지."

"아, 돈 줄 거야, 말 거야?"

"유식아, 지금 세계는 전반적으로 깊은 공황 상태에 빠져 있어. 돈의 가치는 갈수록 하락할 것이고, 노동자들의 삶은 더욱 고통스러워지겠지. 그러나 중요한 것은……."

결국 나는 참지 못하고 형을 향해 주먹을 날렸다. 휴, 이런 날은 시원한 음료수나 마시면서 부글부글 끓는 속을 달래 줘야 한다. 나는 또 터덜터덜 동방삭의 편의점으로 향했다.

최저 임금,
과연 우리나라의 수준에 맞는 걸까?

연관 검색어: #빅맥_지수 #최저_임금 #햄버거 #먹고_싶다
#아르바이트_인생

nayusik
나유식

좋아요 51개

nayusik 나는 최저 임금도 못 받는 무한 알바생
#엄마는_악덕_사업주 #최저_임금은_보장해_달라 #엄마_용돈_인상해_줘요

2시간 전

bora_0727 뭐야. 지금 집에서 일하고 있는 거야?
1시간 전   좋아요 1개   답글 달기   ♥

nayusik @bora_0727 어마마마가 나를 막 부려
먹고 계심
1시간 전   좋아요 1개   답글 달기   ♡

wensuyusikmom 나유식, 엄마가 인스타그램도 할 줄 모를
거란 편견은 버려라
4분 전   답글 달기   ♡

nayusik @wensuyusikmom 어, 어마마마?
방금 전   답글 달기   ♡

나유식: 아이고, 삭신이야! 엄마한테 붙잡혀서 아르바이트하고
왔더니 온몸이 쑤셔요.

동방삭: 어머니 일 도와드린 것 가지고 생색은!

나유식: 헐, 생색이라뇨. 저 최저 임금도 못 받았어요!

동방삭: 얼씨구, 그래도 최저 임금이 뭔지는 아는 모양이구나.
어디 일하러 가서 돈 떼먹힐 일은 없겠네.

나유식: 저를 너무 띄엄띄엄 보시네. 그 정도는 저도 알거든요.
그러고 보니 최저 임금은 누가 정한 거예요? 누군지는
몰라도 인심 좀 팍팍 써서 한 만 원 정도로 해 주지!

동방삭: 최저 임금은 쉽게 생긴 게 아니야. 많은 우여곡절이 있
었지

산업 혁명 이후 많은 사람들이 거주지를 떠나 도시로 모였어. 사람이 많아지자 노동력의 가치가 떨어져 노동자들의 임금이 갈수록 낮아졌지. 임금이 낮아도 일할 사람이 넘쳐 났기 때문에 경제가 발달하고 물가가 올라도 노동자의 임금은 오르지 않았어. 임금만으로는 도저히 사람들이 안정된 생활을 할 수 없게 되자 여러 나라에서 최저 임금 제도라는 것을 도입하기 시작했어. 노동자가 받는 임금의 최저액을 법으로 정해서 노동자의 생활이 무너지지 않게 보호한 거야.

그러니까 한마디로 사람들에게 안정된 생활을 보장하고, 노동의 질을 높이기 위해 만들어진 사회 보장 제도라고 할 수 있어. 우리나라에서는 1986년 최저 임금법을 만들어서 1988년부터 시행하고 있지.

매년 6월 29일에 다음 해의 최저 임금이 결정돼. 정부와 노동자, 기업의 대표자들이 만든 최저 임금 위원회에서 논의를 거쳐 적정한 수준의 임금을 결정하는 거야. 노동자와 기업은 서로 자기들에게 유리하게 결정하려고 해서 항상 마지막까지 팽팽한 의견 대립을 벌이곤 해.

나유식: 우리나라의 최저 임금이 다른 나라보다 훨씬 낮다면서요?
동방삭: 금액만으로 최저 임금의 수준을 비교할 수는 없어. 화폐의

가치가 다르듯 여러 나라의 임금은 그 나라의 경제 수준
에 따라 다를 수밖에 없으니까.

인구수가 적어서 인건비가 비싼 나라의 경우 최저 임금이 높
고, 인구가 많은 나라일수록 최저 임금이 낮은 편이야.
2013년 미국의 한 조사 기관에서 세계 여러 나라의 최저 임
금 수준을 비교했어. 어떤 것을 기준으로 임금을 비교해야 할까
고민하다가 전 세계에 가장 많이 퍼져 있는 맥도날드의 상품을
기준으로 정했어. 바로 맥도날드의 빅맥 햄버거를 기준으로 한
거야.

나유식: 와, 빅맥 햄버거를 기준으로 정하다니, 참신한데요?
동방삭: 한 시간 동안 노동자들이 받는 최소 임금을 최저 임금이
라고 하지. **최저 임금 빅맥 지수는 최저 임금으로 빅맥 햄
버거를 몇 개 살 수 있는지 표시한 후 나라별 수치를 비교
한 거야.** 예를 들어 최저 임금이 3,000원이고 빅맥 가격
이 3,000원일 경우 최저 임금 빅맥 지수는 1이 되고, 빅
맥 한 개를 사려면 1시간을 일해야 한다는 의미야.

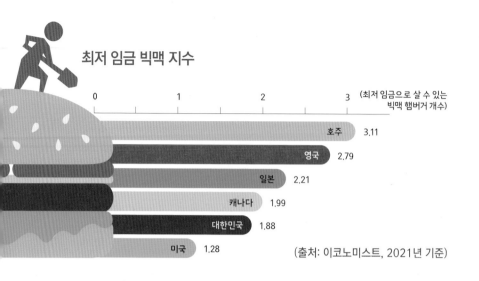

최저 임금 빅맥 지수

	빅맥 개수
호주	3.11
영국	2.79
일본	2.21
캐나다	1.99
대한민국	1.88
미국	1.28

(최저 임금으로 살 수 있는 빅맥 햄버거 개수)

(출처: 이코노미스트, 2021년 기준)

나유식: 그런데 최저 임금과 다르게 주면 불법인가요?

동방삭: 최저 임금이란 딱 그만큼을 줘야 한다는 뜻이 아니라, 그 아래로 줘서는 안 된다는 의미란다. 우리나라의 경우 계약직이나 아르바이트, 인턴 등 비정규직 노동자들이 받아야 할 금액으로 인식되고 있지.

최저 임금은 안정적인 생활을 유지하기 위해 만들어진 기준이라고 했지? 그런데 우리나라는 최저 임금이 중위 임금의 절반도 안 되고 있어서 사람들의 임금 차이가 큰 편이란다. 이렇게 최저 임금이 최저 생계비에 못 미치는 수준이지만 이마저도 받지 못하는 사람들이 많다고 해.

그러다 보니 실제 생활에 필요한 생활 물가를 반영한 최저 생계비 기준으로 최저 임금이 결정되어야 한다는 주장에 힘이 실리고 있어.

나유식: 그런데 제가 돈이 급해서 최저 임금이 안 되는 돈이라도 받고 일하고 싶으면 어떡해요?

동방삭: 그래도 그러면 안 돼.

나유식: 많은 사람이 노력해서 얻어 낸 것이니까요?

동방삭: 그것도 그렇고, 무엇이든 잃는 것은 순간이지만 되찾기는 어려운 법이란다. 그러니 지금 네게 주어진 권리를 지키도록 노력해야지.

부모 임금을 깎아서
청년 일자리를 만든다고?

연관 검색어: #임금_피크제 #평생직장 #워크셰어링 #비정규직

나웬수

> 아버지, 저는 취직을 하지 않기로 결심했습니다. 제가 구할
> 일자리가 아버지의 임금을 깎아 만든 것이랍니다!

아바마마

> 그래서?

나웬수

> 소자, 감히 어찌 아버지가 피땀 어린 노력으로 번 돈을
> 깎아 제 일자리를 만들겠습니까. 그럴 바에야 차라리
> 영영 백수로 살며……!

아바마마

> 오늘부로 우리 집 현관 비밀번호를 바꿔야겠군.

나유식

> 으이구. 또 어디서 이상한 소리 듣고 왔네.

나유식: 이것 좀 보세요.

동방삭: 아, 임금 피크제 이야기를 하는가 보구나.

나유식: 임금…… 뭐시기요?

동방삭: 임금 피크제. 자, 이번에도 역시 가장 기초부터 시작해야겠군. 너 평생직장이라는 게 뭔지 아니?

나유식: 평생 다니는 직장…… 뭐 그런 건가요?

맞아. 옛날에는 직장에 한번 들어가면 평생 그 직장에서 일을 해야 한다고 생각했어. 그래서 직업을 선택할 때, 천직이니 평생직장이니 하는 말로 직업의 중요성을 강조했지.

취업을 할 땐 회사와 계약을 하게 돼. 과거엔 계약의 형태가 정규직만 있었지. 정년 퇴임할 때까지 직장인들은 매년 조금씩 임금이 오르는 연공서열제 형식의 월급을 받았어.

나유식: 연공서열제가 뭐예요?

동방삭: 쉽게 말해서, 오래 일한 사람한테 더 많은 혜택을 준다는 소리다. 그런데 점점 평생직장이라는 말은 사라지고 있는 추세이지. 요즘 회사에서는 임금 부담을 줄이기 위해 매년 임금을 정하는 연봉제나 명예퇴직, 조기 퇴직 제도를 도입하고 있어.

나유식: 왜 그렇게 된 거죠? 그냥 쭉 같은 직장에서 일하면 좋을 텐데.

동방삭: 전 세계적으로 경기가 나빠지면서 실업률이 높아졌기 때문이야. 게다가 사람들의 수명이 늘어나고 건강 상태가 좋아지면서 일하기를 원하는 노인의 수도 늘어났거든.

실업률이 올라갈 때마다 많은 국가에서는 좀 더 많은 사람들이 함께 일할 수 있는 방법을 고민하기 시작했어. 그런데 좀 더 많은 사람이 일할 수 있게 하려면 그만큼 많은 일자리와 그들에게 지급할 돈이 필요하겠지?

산업이 발달하고 경제가 좋을 때는 새로운 일자리도 계속 만들어지고 자금도 만들 수 있어. 하지만 경제가 나쁠 때는 새로운 일거리가 만들어지지 않기 때문에 그전에 있던 것들을 여러 사람이 나누어 가져야 해. 한 사람이 하던 일을 두세 사람이 나누어 하거나, 지금껏 받아 오던 임금을 줄여서 새로운 사람의 임금을 만드는 것처럼 말이야. 워크셰어링과 임금 피크제는 일자리를 늘리는 가장 대표적인 방법이라고 할 수 있어.

나유식: 워크셰어링이 뭐예요?

동방삭: 워크셰어링은 일자리를 나누는 방법 중 하나야. 시간당 받는

임금은 줄지 않지만, 근무 시간이 줄어드는 것이지.

나유식: 아하, 줄어든 근무 시간만큼 새로운 사람이 일을 하게 만들어서 서로 일자리를 나누는 것이로군요?

동방삭: 그래. 한 사람이 받는 월급은 조금 줄어들겠지만, 경기 가 어려워도 직업을 잃는 사람이 적어서 안정된 생활을 꾸려 가는 사람들이 많아질 수 있지.

워크셰어링은 1970년 오일 쇼크라는 경제 위기 때 유럽에서 처음 도입되었어. 네덜란드를 비롯해 여러 나라에서 워크셰어링 을 이용해 높은 실업률을 극복했지. 또 다른 방법인 **임금 피크제 는 임금을 나누는 방식이야.** 근로자들에게 60세나 65세까지 일할 수 있게 하는 대신 일정 나이가 되면 임금을 조금씩 줄이는 방법 이지.

임금 피크제가 도입되면 근로자는 오랜 기간 안정적으로 직업 을 유지할 수 있어. 기업에서는 적은 임금으로 숙련된 근로자를 계속 고용할 수 있지. 또한 기업에서는 이들의 임금을 줄여서 얻 은 돈으로 새로운 직원을 채용할 수 있을 것으로 기대하고 있어.

임금 피크제

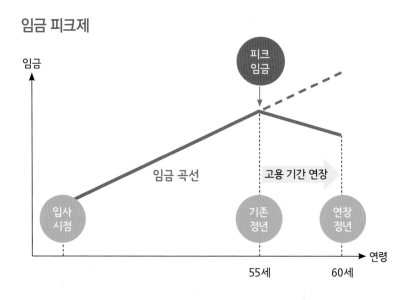

동방삭: 자, 그럼 여기서 문제! 임금 피크제의 단점에는 무엇이 있을까?

나유식: 아, 나 이런 돌발 퀴즈 엄청 약한데! 음……. 정답! 윗사람들 임금 줄여 놓고 그 돈으로 새로운 사람 안 뽑는다!

동방삭: 맞아! 오, 제법이구나. 실제로 임금 피크제를 도입하고도 신규 채용은 하지 않아 근로자의 임금만 깎는 수단으로 악용하는 기업이 많았어. 신규 채용을 한다고 해도 정규직이 아닌 비정규직이나 아르바이트 직원을 채용해 노동의 질을 떨어트리는 경우도 있었단다.

우리나라에서는 임금 피크제로 노년층의 생애소득을 보장하고, 청년층의 실업을 줄이려 하고 있어. 임금 피크제를 도입한 기업에서 청년을 채용하면 인원수만큼 세제 혜택도 주는 등 나라에서도 다양한 방법으로 임금 피크제가 정상 작동할 수 있도록 노력하고 있지. 우리나라는 청년 실업과 더불어서, 50대 이후에 고용 안정성이 급격히 떨어지고 미래에 대한 대비가 부족해 노년층이 취약 계층으로 떨어지기 쉬운 나라야.

나유식: 아, 기억나요. 노인 빈곤율이 엄청 높다고 하셨던 거요!

동방삭: 맞아. 평균 퇴직 연령은 49세이지만 최종 은퇴 연령은 71세 정도인데, 그러면 그 22년 동안은 부당한 대우를 받으며 일하고 있을 가능성이 높지. 청년 실업과 장년층의 고용 안정을 위해 우리나라의 현실에 맞는 임금 피크제를 고려해야 할 때 같구나.

무엇보다도 근로자와 기업, 국가가 적극적으로 나서서 상생을 위해 노력해야 해. 기업은 회사 이익이 줄더라도 일자리를 늘리는 데 참여해야 효과를 거둘 수 있어. 정부에서는 근로자들을 보호할 수 있는 제도를 법으로 지원해야 하고, 임금 피크제나 워크 셰어링을 통해 직원을 고용하는 기업에 지원금이나 세금 혜택을 주어 이 제도가 올바로 정착될 수 있도록 노력해야 할 거야. 근로자의 희생만을 강요하며 아랫돌 빼서 윗돌 괴고, 윗돌 빼서 아랫돌 괴는 식의 임시변통으로는 결국 아무것도 해결되지 않는다는 것을 모두가 알아야겠지.

투자를 받아 꿈을 이루는
방법이 있다고?

연관 검색어: #크라우드_펀딩 #후원 #앱 #소액_투자

 swag_girl
스웩녀

좋아요 34,321개

swag_girl 기다리고 기다리던 영화가 크라우드 펀딩으로 제작되어 드디어
개봉! 나랑 함께 보러 갈 사람?

1시간 전

나유식: 헉, 무슨 영화길래 스웩녀 누나가 기다렸다는 거지?

동방삭: 아, 그 영화는 제작비가 없어서 제작을 못 하다가 크라
우드 펀딩으로 제작비를 마련했다더구나.

나유식: 크라우드 펀딩이요?

동방삭: 크라우드 펀딩은 군중을 뜻하는 크라우드(crowd)와 자금
조달을 뜻하는 펀딩(funding)이 합쳐져서 만들어진 단어야.

나유식: 어, 어렵다.

　　**다수의 소액 투자자들로부터 필요한 자금을 모으는 자금 조달 방
법을 크라우드 펀딩이라고 해.** 주로 인터넷이나 미디어 매체를 통
해 대중에게 알려서 자금을 지원받지. 그래서 소셜 펀딩이라고
부르기도 해.

　　크라우드 펀딩은 신생 기업이나 예술가, 발명가 등 은행이나 대
형 투자사로부터 자금을 지원받기 어려운 사람들에게 큰 도움이
돼. 크라우드 펀딩을 하는 사람들은 자금이 필요한 이유와 어떻
게 작업을 진행할 것인지, 그리고 투자자들에게 어떤 보답을 할
것인지를 펀딩을 시작할 때 공개해. 투자자들이 돌려받는 보답의

형식에 따라 크라우드 펀딩을 구분하기도 해.

2016년 2월 24일 영화 〈귀향〉이 개봉했어. 2003년 처음 영화를 기획한 후 14년 만에 개봉한 것이지. 오랫동안 영화가 만들어지지 못했던 것은 영화 제작비를 대겠다는 투자자가 없었기 때문이야. 오랜 기간 투자를 받지 못했던 이 영화가 만들어질 수 있었던 것은 전 세계 7만여 명이 보내 준 후원금 덕이었어. 크라우드 펀딩의 위력을 제대로 보여 준 사례라 할 수 있지.

영화 〈귀향〉에서처럼 금전적인 보상을 바라지 않고 자금을 지원하는 것을 기부형(후원형) 크라우드 펀딩이라고 해. 기부형 크라우드 펀딩은 투자자들에게 음반을 제작해서 앨범을 보내 준다거나, 영화 상영 후 엔딩 크레디트에 이름을 올려 고마움을 표시하곤 해. 영화 〈귀향〉에서는 영화 끝부분에 펀딩에 참여한 7만 명의 이름이 공개되어, 영화 역사상 가장 긴 엔딩 기록을 세우기도 했어. 이렇게 크라우드 펀딩에는 음반을 내거나 영화를 만드는 등 예술 작업을 후원하는 경우가 많아.

나유식: 돈을 벌기 위해 크라우드 펀딩을 하는 경우는 없나요?

동방삭: 있지! 일정 금액을 투자한 후 이익이 발생하면 나중에 원금과 이자를 돌려받는 대출형도 있고, 투자한 자금만큼 주식으로 받는 주식형도 있어.

신생 기업의 경우 외부에서 자금을 조달하기가 쉽지 않아. 조건도 까다롭지. 이럴 때 크라우드 펀딩을 이용하기도 해. 기업은 인터넷 중개 사이트를 통해 비교적 쉽게 자금을 공급받을 수 있고, 투자자는 가능성 있는 기업에 투자할 수 있어서 서로에게 이득이지. 하지만 아무 조건 없이 투자를 하는 것이라서 위험할 수도 있어. 그래서 투자를 할 땐 신중해야 해.

총 펀딩 발행 금액

(출처: 크라우드넷, 2022년 10월 기준)

영화 〈귀향〉 외에도 크라우드 펀딩을 통해 제작한 영화는 여러 편 있어. 대부분의 영화 투자자는 상업 영화로 성공할 가능성이 있어야 영화 제작에 참여해. 상업 영화로 다루기에 내용이 너무 재미가 없거나 사람들이 보기에 불편할 소재를 다루는 영화들은 제작이 무산되는 경우가 많지.

이렇게 투자자를 구하기 어려운 영화의 경우 크라우드 펀딩을 시도하는 일이 늘고 있어. 서해 연평해전을 영화화한 〈연평해전〉과 광주 민주화 항쟁의 이야기를 다룬 〈26년〉도 크라우드 펀딩으로 제작비의 일부를 메웠다고 해.

크라우드 펀딩으로 사람들과 기부 활동을 성공적으로 이뤄 내고 있는 곳도 있어. 빅워크는 내가 걸은 걸음 수만큼 기부를 할 수 있도록 만든 앱 프로그램이야. 앱 프로그램을 만들 제작비를 크라우드 펀딩을 통해 모금해서 멋진 기부 앱을 만들었지.

크라우드 펀딩은 영화, 음악, 연극, 출판, 프로그램 개발에서부터 기부, 사회운동, 과학 연구에 이르기까지 다양한 분야로 확산하고 있어. 인터넷으로 연결된 초연결 사회에 걸맞은 새로운 아이디어 실현 방법이라고 할 수 있지.

틈새시장을 공략하라는 게
무슨 말일까?

연관 검색어: #퍼플_오션 #레드_오션 #블루_오션 #그린_오션

스웩녀

얘들아, 내가 랩 세계의 퍼플 오션을 찾아냈어!

역사 외우는 거 너무 힘들잖아. 그래서 랩으로 한번 만들어 봤거든? 이름하여 '쇼미더조선!' 들어 볼래?

스웩녀

똑똑. 아무도 없나요.

스웩녀

나 누구랑 얘기하니?

나유식

맞아요. 역사는 아무리 봐도 머릿속에 안 들어오던데 노래로 외우면 진짜 쉽게 외울 수 있겠어요!

스웩녀

그렇지? 역시 유식이가 뭘 좀 안다니까.

24시 시사 편의점

스웩녀

이건 이미 레드 오션이나 다름없는 힙합신에
획기적인 퍼플 오션이 될 거야.

쇼미더조선.wav
유효기간: ~202x. x. x.
용량: 9.18MB

나유식

헐······.

와! 역시 누나! 오, 완전 무대를 뒤집어 놓으셨다.

이 비트, 리듬, 소울······ 진짜 최고!

동방삭: 아까부터 무슨 이상한 주문 같은 걸 듣고 있냐. 얼른 꺼
라. 그 정도면 공해다, 공해.

나유식: 나, 난 누나의 모든 면을 사랑할 수 있어!

동방삭: 아, 걔가 부른 거야? 생긴 건 멀쩡한 녀석이 고약한 취
미가 있구나.

나유식: 우리 누나 욕하지 마요!

동방삭: 알았으니까 주먹 좀 내려······.

나유식: 이거나 설명해 주세요. 레드 오션은 뭐고, 또 퍼플 오션
은 뭐예요? 어휴, 점수 좀 따 보겠다고 냉큼 대답했다가

무슨 소리인지 몰라서 진땀 났어요. 누나가 이상한 노래 보내서 다행이었지.

동방삭: 거봐라. 너도 이상한 노래라는 거 인정하네.

나유식: 아저씨!

동방삭: 알았다, 알았어. 성질머리하고는……. 레드 오션이니 퍼플 오션이니 하는 건 시장의 경쟁 상태를 색으로 표현한 마케팅 용어야. 레드 오션을 비롯해 블루 오션, 그린 오션, 퍼플 오션 등이 있지.

참여자가 많아 시장 경쟁이 치열한 상태를 **레드 오션**(붉은 바다)이라고 해. 경쟁이 치열하다는 의미지. 동네마다 여러 개씩 있는 치킨집이나 빵집이 대표적인 경우야.

치킨이나 빵을 좋아하는 사람이 많아서 어느 정도 수요가 보장되지만, 그 수가 너무 많아서 경쟁이 치열하잖아. 그런 걸 레드 오션이라고 하는 거야.

블루 오션은 레드 오션과 반대되는 상태를 말해. 성장 가능성은 있지만 아직 시장이 개척되지 않아 경쟁자가 거의 없다는 뜻이지. 많은 물고기를 훤히 들여다볼 수 있는 푸른 바다를 의미해.

퍼플 오션은 레드 오션과 블루 오션 사이의 틈새시장이라고 할 수 있어. 경쟁이 치열한 분야에서 독특한 아이디어를 결합해 새로운 상품을 만들어 내는 것이지. 빨간색과 파란색을 섞어서 나오는 보라색을 인용한 표현이야.

그린 오션은 친환경적인 상품으로 새로운 상품과 가치를 만들어 내는 시장이야. 환경을 파괴하지 않으면서 탄소 배출을 줄일 수 있는 상품을 만들어 내는 시장을 말하지. 요즘은 세계적인 가전 회사나 에너지 개발 회사들이 그린 오션 전략을 펼치고 있어.

나유식: 그럼 사람들에게 많이 알려져 있고, 장사도 잘되는 분야는 대부분 레드 오션이겠네요?

동방삭: 그렇지. 그리고 퍼플 오션의 목표는 경쟁자가 없는 아주 새로운 시장이 아니야. 기존의 상품에 무언가를 하나 더 하거나 빼기, 지금까지와는 다른 목적으로 사용하기 등 작은 변화에 중점을 두고 있지.

우리나라에서 성공한 퍼플 오션의 사례를 살펴보면 작은 변화가 얼마나 큰 가치를 새롭게 만들어 내는지 느낄 수 있을 거야. 예를 들어 볼까? 우리나라 직장인들은 점심 식사 후에 대부분 커피를 마신다고 해. 회사 주변을 비롯해 집 주변에 많은 카페가 있는 것을 보면 얼마나 수요가 많은지 가늠할 수 있지. 하지만 커피나 음료수를 파는 가게는 너무 많아서 카페 간의 경쟁이 아주 심해.

이런 상황에서 등장한 카페가 바로 디저트 카페야. 카페와 마찬가지로 커피와 음료수를 팔지만, 그 가게에만 있는 독특한 디저트를 개발해 함께 파는 것이지. 맛도 좋고, 보기에도 예쁜 디저트 때문에 다른 일반 카페보다 많은 사람들이 찾는다고 해.

우리에게 아주 익숙한 햇반은 대표적인 퍼플 오션 전략이 성공한 경우야. 햇반이 나오기 전에도 우리나라에는 즉석 밥이 있었어. 3분 요리 같은 레토르트 밥이나 냉동 밥 형태였지. 햇반은 전자레인지에서 데우기만 하면 갓 지은 밥처럼 찰기와 식감을 느낄 수 있어서 다른 즉석 밥과 차별화되었어. 햇반 이후 다양한 경쟁 제품이 등장했지만 햇반 상품 하나의 1년 매출이 1000억 원을 넘을 만큼 새로운 시장을 만들어 냈지.

애벌빨래를 직접 세탁기에서 할 수 있는 액티브워시 세탁기도 빼놓을 수 없는 퍼플 오션 상품이야. 보통 빨래를 할 때, 양말이나 때가 심하게 낀 옷은 손으로 더러운 부분을 미리 빤 후 세탁기에 넣어. 기존에는 세면대나 화장실 바닥 등 다른 곳에서 빨래를 한 후 세탁기에 넣어야 해서 번거로웠거든. 그 점을 보완해서 애벌빨래를 할 수 있는 설계를 추가한 세탁기를 만든 거야. 출시 당시에는 세탁기나 냉장고 같은 가전제품은 한번 사면 10년 이상을 사용하기 때문에 더 이상 성장 가능성이 없는 시장이라고 생각했어. 하지만 액티브워시 세탁기를 만든 회사는 50퍼센트 정도 세탁기 부분의 매출이 늘어났다고 해.

나유식: 무에서 유를 창조한 게 아니라 유에서 유를 창조한 거
네요!

동방삭: 바로 그거란다. 창의력은 하늘에서 뚝 떨어진 천재성에
서 오는 것이 아니야. 일상적인 것을 다른 시각으로 바라
보려는 노력을 통해 새로운 길을 발견할 수 있는 게지.

우리나라의 살림살이 상태 어떻게 확인할까?

연관 검색어: #국민_총생산(GNP) #국내_총생산(GDP) #인구_밀도

주근깨 선배
깜짝 퀴즈! 세계에서 제일 부자인 사람은 누구게?

보라
정답! 빌 게이츠!

스웩녀
마크 저커버그? 워런 버핏?

나유식
어……. 만수르?

주근깨 선배
정답은, 일론 머스크! 참고로, 2022년 9월 미국 경제 전문지 블룸버그 지수에 따르면 빌 게이츠는 5위, 마크 저커버그는 22위, 워런 버핏은 6위라고 하네요!

나유식: 아저씨. 일론 머스크는 미국인이죠?

동방삭: 그렇지.

나유식: 빌 게이츠랑 마크 저커버그, 워런 버핏도 다 미국 이름 같은데 맞아요?

동방삭: 그래. 다 미국인이구나. 왜 그러냐?

나유식: 부자 순위에 미국인이 많네요? 미국이 잘사는 부자 나라라서 그런가?

동방삭: 그럴 수도 있지. 세계 1, 2위 부자 나라로 미국과 중국을 꼽으니까.

나유식: 그런데 미국이나 중국을 부자 나라로 손꼽는 이유가 뭐예요? 정부가 돈이 많아서? 아니면 멋진 건물이 많아서?

동방삭: 한 나라가 얼마나 부자인지를 측정하는 기준으로 보통 GNP와 GDP를 활용해. 국민 총생산과 국내 총생산을 뜻하지.

나유식: 그게 뭔데요?

동방삭: 이건 한 나라가 1년 동안 얼마나 많은 물건과 서비스를 만들어 냈는지를 금액으로 나타낸 거야.

자, 쉽게 이해할 수 있도록 예를 들어 설명해 줄게. 이탈리아 국적의 마르코 씨가 한국에서 이탈리아 음식점을 하면서 연간 5억 원의 매출을 냈다고 가정하자. 그럼 이 5억 원은 우리나라의

GDP에는 포함되지만 GNP에는 포함되지 않아. 반면 미국에서 회사를 다니는 한국인 김철수 씨의 연봉은 1억 원이야. 그럼 김철수 씨의 연봉은 어디에 포함될까?

나유식: 음……. 외국에 사는 한국인이 버는 돈이니까 GNP에 포함되고 GDP에는 포함되지 않겠네요.

동방삭: 정답! 대단한데! 그리고 한국에서 살면서 일하는 한국인들이 버는 돈은 GDP와 GNP 모두에 포함된단다. 그림으로 표현하자면 이렇지.

한국 거주 한국인이 번 돈 + 한국 거주 외국인이 번 돈	한국 거주 한국인이 번 돈 + 외국 거주 한국인이 번 돈
GDP(국내 총생산)	GNP(국민 총생산)

옛날에는 GDP와 GNP를 모두 사용했다면, 요즘에는 GDP를 더 많이 활용한단다. 생각해 보렴. 마르코 씨는 한국 마트에서 재료를 사고 한국에서 돈을 벌고 한국에 세금을 내고 있지. 이탈리아 사람이지만 한국에서 경제생활을 해. 하지만 미국 회사에 다니는 김철수 씨는 미국에서 돈을 벌고, 미국에 세금을 내고 미국에서 돈을 쓰지. 김철수 씨가 번 돈은 우리나라 경제 시장에 전혀 영향을 미치지 못해. 국적보다는 영토를 기준으로 한 지표가 국내 경제 시장을 더 정확히 반영할 수 있는 거야.

나유식: 그럼 GDP가 높을수록 좋은 나라예요? 우리나라는 전 세계에서 열두 번째로 좋은 나라인 건가?

동방삭: GDP는 한 국가의 생활 수준이나 경제 활동 수준을 알아볼 수는 있지만 국민의 삶의 질을 평가하기엔 한계가 있어.

첫 번째로, 시장에서 거래되지 않는 상품의 가치는 포함되지 않아. 주부의 가사 노동이나 봉사 활동 같은 것들 말이지. 두 번째로, 국민 경제 내 소득 분배 상황을 나타내지 못해. 예를 들어, 50만 원을 버는 사람이 10명인 나라 A와, 100만 원을 버는 5명, 한 푼도 못 버는 사람 5명이 있는 나라 B가 있을 때, B보다는 A의 경제 상황이 더 좋지만 두 나라의 GDP는 똑같겠지. 마지막으로 자연환경이나 범죄율 등 우리 삶의 질을 높이는 중요한 요소들 또한 GDP에 반영되지 않는단다.

GDP도 중요하지만 무엇보다 우리나라 국민들의 삶이 더 좋아지게 하려는 노력도 필요할 거야.

부모님 식당 일을 도와도 실업자일까?

연관 검색어: #경제_활동_인구 #비경제_활동_인구 #실업률 #구직

나웬수

> 안녕하세요, 내일 소개팅을 하게 될 23세 남, 나웬수라고 합니다.

 미미

> 네, 스타일 멋지시네요!

나웬수

> 훗, 미미 씨? 실례지만 어떤 일을 하시나요?

미미

> 엄마 식당에서 일을 거들고 있어요.

나웬수

> 아, 백수시군요?

 미미

> 식당에서 일한다니까요?

훗, 미미 씨가 잘 모르나 본데, 부모님 식당 일을 돕는 건 경제 활동 인구에 포함되지 않습니다. 그러니 실업자라 할 수 있죠. 이 부분을 자세히 설명드리자면 다음과 같습니다.

미미 님이 대화방에서 나가셨습니다.

나웬수: 어? 왜 나갔지?

나유식: 이 멍청한 행님아! 그게 할 소리냐?

나웬수: 뭐가! 나의 유식함에 반해야 정상 아니냐?

나유식: 눈치 없고 모자란 형을 바로 알아보고 도망친 걸 보니 통찰력은 상당하네.

나웬수: 아니, 경제 활동 인구에 대해 설명한 게 뭐가 잘못된 거야?

동방삭: 허허, 우리나라에서는 만 15세가 넘으면 노동을 할 수 있는 사람으로 생각하지. 만 15세 미만이 일을 하려면 부모님과 학교장 등 보호자의 허락을 받아 노동청에 신고해야 일을 할 수 있어.

　나라에서는 만 15세 이상의 사람들을 경제 활동 인구와 비경제 활동 인구로 나누어, **일을 하고 있거나 일자리를 찾고 있는 실업자를 경제 활동 인구라고 해.** 얼핏 생각하면 월급을 받는 사람만 경제 활동 인구 같지? 하지만 일주일에 1시간 이상 일을 한 사람이나 월급을 받지 않지만 가족이 운영하는 사업장에서 일을 하는 사람들도 모두 경제 활동 인구에 포함돼.

나유식: 와, 눈치 없고 모자란데 심지어 틀리기까지 했어?

나웬무: 내가 무슨 경제경영 전공도 아니고. 틀릴 수도 있지!

나유식: 그럼 그렇게 당당하게 말하질 말든가, 인간아!

나웬무: 흠흠. 동방삭 선생님, 그럼 실업자는 어떤 사람을 말하나요?

▲ 경제 활동 인구와 비경제 활동 인구

경제 활동 인구에서 일자리를 못 구한 사람들을 실업자로 분류해. 실업률은 경제 활동 인구 중 실업자의 비율을 말하지. 청년 실업자는 학생이나 군인을 제외한 15세에서 29세에 속한 사람 중 구직 활동을 하고 있지만 아직 취업하지 못한 사람을 뜻해. 2022년 8월 OECD 평균 실업률이 4.9퍼센트일 때 우리나라 실업률은 2.5퍼센트, OECD 평균 청년 실업률이 10.6퍼센트일 때 우리나라 청년 실업률은 6.2퍼센트였어. 우리나라 청년 실업률은 OECD 평균과 미국, 프랑스보다 낮고, 독일보다는 높은 수치를 보이고 있어.

나웬수: 역시 내가 취업이 힘든 건 당연한 거였군.

나유식: 형이 취업을 못하는 건 능력이 모자라서야.

나웬수: 제 친구 중에 부잣집 아들이 있어요. 일할 능력이 충분히 있는데, 일하지 않고 놀고 있어요. 그런데 그 친구는 자기가 실업자가 아니래요. 정말인가요?

사실이야. 일할 능력이 있는 사람이라고 해도 일할 마음이 없어서 직장을 구하지 않으며 경제 활동 인구에 속하지 않아. 이런 사람들을 **비경제 활동 인구**라 하지. 실업률을 구할 때도 계산에 포함하지 않아. 가정주부를 비롯해 학원이나 학교에 다니면서 통학을 하는 사람들은 모두 비경제 활동 인구에 속해. 통학을 하는 사람들은 아직 직장을 구할 의사가 없는 상태로 보기 때문에 경제 활동 인구에 넣지 않거든. 취업 준비생은 취업을 위한 준비 과정에 있는 사람으로 비경제 활동 인구로 보지만, 직장을 구한 지 한 달이 넘었다면 그때부터 경제 활동 인구에 포함된단다.

그렇다면 대학이나 군대에 가기 위해 대기 중인 사람은 어디에

속할까? 역시 아직 직장을 구할 마음이 없는 상태로 보기 때문
에 비경제 활동 인구로 생각해.

국가가 돈이 없어 외국의 빚을 못 갚으면 어떻게 될까?

연관 검색어: #국채 #파산 #국민_주택_채권 #외환_위기 #그리스_파산

원숭이도 지식인으로 만들어 주는
원시일보

당정, 재난 지원금 두고 갑론을박

입력 20xx.0x.xx. 오전 10:08   수정 20xx.0x.xx. 오전 11:58

 허연금 기자

코로나19로 인한 손실 보상에 대한 논의가 한창입니다. 전 국민에게 재난 지원금을 주자는 여당의 주장에 기획재정부는 국가 부채를 이유로 반대하고 있습니다. 정부가 발표한 '2021 회계연도 국가 결산'에 따르면 지난해 공식 국가 부채는 2196조 4000억 원으로 전년보다 214조 7000억 원 증가했습니다. 이에 여당은 국가 채무 비율이 OECD 국가 평균보다 낮다는 점을 들어 기획재정부에 팽팽히 맞서고 있습니다.

나유식: 힉, 국가의 부채가 2196조 원이라고요? 저걸 어떻게 다

갚는담?

동방삭: 경제 기사를 보면 국가 채무와 국가 부채라는 말이 쓰여. 자칫 같은 의미로 착각할 수 있는데 이 둘은 의미가 달라. 회계 처리 방식이 다르거든.

나유식: 어떻게 다른데요?

동방삭: 국가, 즉 정부에서 하는 회계 처리 방식에는 '현금주의'와 '발생주의'가 있는데, 회계 처리 시기가 달라. 현금주의는 현금을 받거나 실제 지급했을 때 회계 처리를 하고, 발생주의는 채권·채무 관계가 발생했을 때 회계 처리를 하지.

나유식: 아……. 모르겠는데요?

동방삭: 예를 들어, 5억 원짜리 집을 산다고 해 보자. 계약을 할 때 지급한 돈 1억 원만 회계 처리를 하면 '현금주의'가 되고, 미래에 지불할 돈까지 생각해서 5억 원을 모두 회계 처리하면 '발생주의'가 되는 거야. 국가 채무는 현금주의 방식을, 국가 부채는 발생주의 방식으로 계산해.

회사가 상품을 만들거나 연구를 하려면 많은 자금이 필요해. 대부분 외부에서 투자를 받아 자금을 조달하지. 투자가로부터 투자를 받거나 주식을 발행해서 자금을 확보하게 돼. 그럼 국가는 어떻게 할까?

국가에서 필요한 돈은 국민이 내는 세금으로 충당해. 하지만
거둬들인 세금이 부족할 때면 외부에서 자금을 끌어와야 하지.
가장 쉬운 방법은 한국은행에서 돈을 빌려 오는 거야. 국가에 돈
을 빌려주려면 한국은행은 새로 돈을 찍거나 보관하고 있던 돈을
풀어야 해. 그런데 한국은행에서 돈을 많이 풀면 인플레이션 현
상 등 다른 경제 문제가 발생할 수 있어. 그래서 대부분의 나라에
서는 필요한 금액만큼 채권을 발행해서 자금을 확보하는 방법을
사용해. **채권은 돈을 어느 기간에 빌려서 사용하기로 하고, 빌린 돈
에 대한 이자로 얼마를 지불하겠다고 적어 놓은 차용 증서를 말해.**

동방삭: 나라에서 발행한 채권은 국채라고 부르지.

나유식: 나라에서 왜 채권을 발행해요? 나라도 빚을 진다는 말
인가요?

동방삭: 말했듯이 국채는 국가 운영에 필요한 돈이 부족할 때 발
행해. 국가가 필요한 자금을 먼저 빌려서 사용한 후, 나
중에 다시 갚는 거지.

나라의 복지 제도가 강화되고, 경제가 발달하면서 나라에서
필요한 자금도 다양하고 많아졌어.

나라에서는 어디에 자금을 사용할지에 따라 서로 다른 종류의 국채를 발행해. 국민 주택 채권, 외국환 평형 기금 채권, 재정 증권, 국공채 등이 있지.

서민들의 주거 환경을 안정시키는 데 필요한 자금은 국민 주택 채권으로 마련해. 국민 주택 채권은 우리가 집이나 자동차를 살 때 나라에서 강제로 구매하도록 만든 채권이야. 일정 기간 이 채권을 가지고 있다가 팔 수 있어. 집이나 자동차를 구매하는 사람들은 경제적으로 여유가 있는 사람이라고 생각했기 때문에, 이들에게 일정 기간 나라가 돈을 빌리는 것이라고 생각하면 이해하기 쉬워.

국민 주택 채권을 통해 확보한 자금으로 나라에서는 임대 주택을 짓거나 서민들에게 전세 대금을 빌려주기도 해.

1997년 우리나라에 외환 위기가 왔었지. 나라에서 확보하고 있는 달러가 적어서 외국과 거래를 하는 데 큰 어려움을 겪었어. 그래서 달러로 자금을 빌리는 외화 표시 외국환 평형 기금 채권을 발행했었지.

재정 증권과 국공채는 국가에서 필요한 자금을 확보하기 위해 발행하는 국채야. 재정 증권은 경기를 살리기 위해 원래 계획했던 것보다 앞당겨 정책을 시행할 때 발행해.

원래 계획했던 시기에 대부분 국채를 상환하기 때문에 3개월

이내의 짧은 기간으로 발행하는 경우가 대부분이지. 이에 비해 국공채는 3년, 5년, 7년 등 보다 장기적으로 나라의 정책을 시행하기 위해 발행하는 국채야. 우리나라에서 발행한 국채 중 가장 규모도 크고 거래도 활발해.

2021년 주요 국가별 GDP 대비 국가 채무 비율

(단위: GDP 대비%)

(출처: 2021 국제기구 주요 보고서)

나유식: 빚이 많으면 나라가 파산하기도 하나요?

동방삭: 언뜻 생각하기에 빚이 많으면 나라가 망하지 않을까 걱정될 수도 있어. 하지만 국채 증가가 무조건 나쁜 건 아니야.

나유식: 왜요?

국채가 늘어났다는 것은 우리나라의 경제 규모가 그만큼 커졌다는 의미로 해석할 수 있어. 국가에서 발행한 국채만큼의 자금이 우리 경제에 투입되었다는 뜻이니까. 국채에서 가장 중요한 건 우리가 얼마나 잘 벌어서 갚을 수 있는가야. 그래서 국가의 위험도를 측정할 때 국가 GDP 대비 국가 채무 비율이 얼마나 높은지를 따지지. 수입 대비 빚의 비율이 얼마인지 가늠해 보는 거야. 우리나라는 국가 채무 비율이 51퍼센트로 세계적으로 가장 낮은 편에 속해.

우리가 다른 사람에게 돈을 빌리면 빚을 졌다고 말하지. 나라가 국채를 발행했다는 것은 우리나라가 다른 나라나 국민들에게 빚을 졌다는 의미와 같아. 일정 기간 빌려 쓴 후, 갚을 수 있다면 문제가 없지만, 감당할 수 없는 상태가 되면 심각한 문제가 발생해. 나라에서 채권을 너무 많이 발행해서 감당할 수 없어지자 파산 상태를 선언했던 그리스를 보면 그 심각성을 확인할 수 있지.

국민의 재산을
정부가 팔아도 되는 걸까?

연관 검색어: #공기업_민영화 #병원비 #철도 #공기업
#국가_기반_시설

나유식

혁, 나 이번 달 휴대폰 요금 완전 오버됐어!

 보라

어쩌다가?

나유식

이모티콘을 질러 버렸어. 😥

 보라

나유식

휴대폰 압수당하면 어쩌지? 😔

 보라

휴대폰 요금 너무 비싸!

> 그러니까. 다들 휴대 전화 쓰니까 통신 회사들은 돈도 많이 벌 텐데, 요금 좀 싸게 해 주면 어디 덧나냐! 😠

동방삭: 어린아이를 제외한 우리나라 사람 대부분은 휴대폰을 가지고 있을 거야. SKT와 KT, LG유플러스는 통신 서비스를 제공하고 있는 대표적인 회사이고.

나유식: 저는 KT예요!

동방삭: KT가 원래 국가에서 운영하던 회사였다는 거 아니?

나유식: 헐, 정말요? 그럼 요금이 좀 더 싸야 하는 거 아닌가?

우리나라의 전기, 전화, 통신은 오랫동안 정보 통신부에서 관리해 왔어. 그러다가 1981년에 한국 전기 통신 공사가 만들어지면서 기업으로 분리되었지. 이후 여러 차례 신규 법인 설립과 인수 합병 과정을 거쳐서 2002년에 민간 회사가 되었어. 정부가 가지고 있던 주식을 전부 매각하면서 완전히 민영화된 거야.

나유식: 국가의 재산인 공기업을 정부가 국민의 허락 없이 팔아도 되는 거예요? 공기업의 주인은 국민이잖아요!

동방삭: 그래, 공기업은 국가가 자본금을 전액 출자한, 나라에서

만든 회사이지.

공기업은 민간의 경제적 여력이 부족하거나 전기, 전력처럼 중요한 생산품을 관리하기 위해 만든 기업이야. 공기업으로 만들어진 많은 회사가 1980년대까지 감독 체제 안에서 운영되었지.

공기업은 국가가 주인이다 보니 독점적인 권한을 갖는 경우가 많았어. KT(전화, 통신)나 KT&G(담배, 인삼)는 공기업일 때 전매권(독점권)을 갖고 있는 국내 유일의 기업이었지. 시장에 경쟁자가 없다 보니 열심히 하지 않아도 공기업들은 국내 시장을 모두 차지할 수 있었어.

1990년대 이후부터 공기업들의 효율성을 강화해서 이윤을 높여야 한다는 주장이 나오기 시작했어. 주인 의식 부족이나 비효율적인 운영 등이 문제로 지적되었던 거야.

1960년대 후반부터 공기업은 조금씩 민영화되기 시작했는데, 1990년대에는 약 30여 개 기업이 민영화 계획에 포함될 만큼 규모가 확대되었어.

공기업이 민영화되면 나라는 많은 금액의 자금을 확보할 수 있고, 기업들은 경쟁력을 갖출 수 있을 거라고 예상했어. 한국 중공업과 포항 제철 등 굵직한 공기업을 매각한 후 나라에서는 약 18조 원의 자금을 마련했지. 또한 1997년 경영 구조 개선과 효율성을 높인다는 목적으로 '공기업 민영화에 대한 법률'이 마련되었고, 이를 기준으로 본격적인 민영화 작업이 이루어졌어.

나유식: 그런데 의료 분야도 민영화될 수 있다면서요? 그럼 병원비가 엄청 비싸질 거라던데요?

동방삭: 만약 의료 분야가 민영화된다면 의료 서비스의 질은 더 높아지고, 병원비는 더 비싸질 거야.

나유식: 헐, 그럼 어떡해요?

동방삭: 철도를 예로 들어 볼까? 옛날부터 철도는 국가의 중요한 기간산업이었어. 국가 주요 물자의 수송에서 이동까지 모든 경제 활동을 지원해 왔지. 그런데 최근에는 비행기 등 새로운 수단이 개발되면서 이동 수단으로서의 가치가 많이 떨어졌어.

나유식: 그래도 철도는 국가에서 직접 운영하고 있잖아요.

동방삭: 그래, 국민들의 편의를 위해 그러는 거야.

공기업 민영화는 회사의 주인이 국가에서 민간인으로 바뀐다는 뜻이야. 국가가 주인일 때는 회사 운영의 목적이 100퍼센트 이익 추구에만 있지는 않아. 공기업은 공익을 위해서라면 비록 경제적인 손해가 나더라도 그 손해를 감수해.

하지만 민간 기업은 그렇지 않지. 민영화가 되면 회사의 존재 이유가 이윤 추구로 바뀌기 때문에 모든 것이 영리 목적으로 돌아갈 수밖에 없어. 공기업일 때 낮은 가격으로 판매하던 상품은 가격이 오를 것이고, 이전과 똑같은 수준의 안정성과 서비스를 제공받으려면 더 많은 대가를 지불해야 할 수도 있어. 그래서 많은 사람들이 공기업의 민영화를 걱정하지. 무엇보다 국민의 생명과 관련된 국가 기반 시설은 민영화 대상에서 빼야 한다는 주장이 강하게 제기되고 있어.

2008년에는 우리나라에서 의료 민영화 문제로 심각한 사회 논쟁이 일어났어. 2008년 개봉한 다큐멘터리 영화 〈식코〉가 의료 민영화 논쟁에 불을 붙였지. 우리나라가 국민 건강 보험 제도라는 공보험을 운영하고 있는데 비해 미국은 주로 민간 보험으로 의료 보험이 운영되고 있어.

영화에는 병원마다 적용되는 보험이 달라서, 돈이 없는 이민자나 저소득층 사람들이 의료 서비스를 제대로 지원받을 수 없는 미국의 현실이 적나라하게 담겨 있었어. 국민의 반발이 심해지자 정부에서는 국민이 원하지 않는 의료 민영화는 추진하지 않기로 결정했지. 공기업 민영화를 추진하기 전에 공익을 위해 만들어진 공기업의 설립 취지를 먼저 진지하게 생각해야 할 거야.

시장에 돈이 많으면 정부는 왜 다시 거둬들이려고 할까?

연관 검색어: #출구_전략 #경기_부양 #베트남_전쟁 #시장

원숭이도 지식인으로 만들어 주는
원시일보

포스트 코로나 시대, 출구 전략 위해 모인 G20 재무 장관들

입력 20xx.0x.xx. 오전 9:30   수정 20xx.0x.xx. 오전 10:50

 허연금 기자

지난 2월 주요 20개국(G20) 재무 장관들과 중앙은행 총재들이 코로나19 출구 전략을 의제로 회의를 진행했다. 이번 G20 재무 장관·중앙은행 총재 회의에서는 잠재적인 미래 유행병에 대처할 수 있는 개선된 예방, 준비, 대응을 위한 장기 경제 회복 전략을 논의한 것으로 알려졌다.

나유식: 이 신문 기사요, 첫 단어부터 마지막 단어까지 뭔 소리

인지 하나도 못 알아듣겠어요.

동방삭: 허허, 말이 조금 어렵긴 하구나.

포스트 코로나는 포스트(post, 이후)**와 코로나 바이러스 감염증의 합성어란다. 출구 전략은 일시적으로 취했던 경제 정책들을 다시 정상적인 수준으로 되돌리는 것을 말하지.** 코로나로 경기가 위축되면서 나라에서는 국민들에게 여러 지원을 해 주는 등 경기 활성화를 위해 여러 정책을 펼쳤잖니? 포스트 코로나 시대 출구 전략이란, 코로나가 끝난 뒤 다시 경제 정책을 원상 복구하는 것을 의미해.

나유식: 어쩐지 용어가 딱딱하게 느껴져요!

동방삭: 지금은 경제 용어로 사용되고 있지만, 출구 전략은 원래 군사 용어였어.

출구 전략(exit strategy)이라는 용어는 베트남 전쟁 때 처음 사용되었어. 베트남 전쟁 당시 미국은 베트남에 막대한 군사비와 군인을 투입했지만 뚜렷한 성과를 거두지 못했어. 미국 내에서는 이에 대한 비판이 커졌고, 미국 국방성은 어떻게 하면 미국이 베트남에서 조용히 빠져나올 수 있을지 전략을 고민했지.

이때 처음 출구 전략이라는 말을 사용했다고 해. 그 후 여러 전쟁에서 희생을 최소화하면서 철군하는 전략을 출구 전략이라 칭하게 되었어. 금융 시장에서 이 용어를 빌려다 쓰면서 점차 경제 용어로 자리 잡게 된 거야.

나유식: 그런데 왜 출구 전략이 필요해요?

경제가 성장을 멈추고 침체하기 시작하면, 실업률이 늘어나면서 경기 침체가 계속 심해져. 경기 침체가 심각하다고 판단했을 때 정부에서는 경기를 부양시키기 위해 여러 가지 방법을 쓰게 되지. 정부는 가장 먼저 은행과 기업이 투자와 생산을 늘릴 수 있도록 자금을 지원해. 기업이 생산을 늘리기 위해 직원을 늘리면, 소비가 늘어나고 시장이 안정화될 테니까.

어느 정도 경기가 안정되면 정부는 시장에 풀었던 자금을 회수해야 해. 나라에서 시장에 자금을 풀었다는 건 돈을 새로 찍어서 공급했다는 의미야. 필요한 만큼 돈을 찍어서 사용하면 간단할 것 같지만, 무작정 돈을 계속 찍어 내면 시장은 큰 위험에 빠지게 돼. 돈이 너무 많아지면 돈의 가치가 떨어지고, 상품의 가격이 계속 올라가는 인플레이션 현상이 일어나거든.

또한 경기 활성화를 위한 지원은 세금으로 집행하는 거야. 지원이 계속되면, 세금도 계속 쓰이겠지. 이런 상황이 지속되면 나라의 재정 상태가 나빠질 수 있어. 그래서 경기가 어느 정도 회복세를 보이면 정부에서는 시장에 풀려 있는 자금을 다시 모으기 위한 출구 전략을 펼치곤 해.

시장에 미칠 영향을 최소화하면서, 경기 안정을 지속할 수 있는 적절한 출구 전략을 펼치는 거야.

그럼 시장에 풀려 있는 돈은 어떻게 모을까? 가장 좋은 방법은 저축을 권장하는 거야. 다른 곳에 투자하는 것보다 은행에서 얻는 이자 수익이 더 높다면 많은 사람들이 은행에 저금을 하겠지? 은행으로 돈이 모인다는 것은 시중에 풀려 있던 돈이 점차 줄어든다는 의미기도 해. 은행의 금리를 높이는 것은 정부가 가장 쉽고 빠르게 할 수 있는 출구 전략 중 하나인 셈이지.

동방삭: 이때 금리를 높인다는 건 이자를 많이 준다는 의미야.

나유식: 아하, 그럼 은행에 저금하는 사람이 늘어나겠네요?

동방삭: 그렇겠지. 하지만 은행 금리가 높아지면 저금했을 때 받는 이자도 늘지만, 은행에서 돈을 빌렸을 때 내야 하는 이자도 늘어난다는 걸 기억해야 해.

나유식: 왜 그렇게 하는 거죠?

동방삭: 그래야 저축이 늘어나고 무분별한 투자가 줄어들 테니까.

오르락내리락
환율이 대체 뭐야?

연관 검색어: #환율 #수출 #원 #달러 #자유_변동_환율제

원숭이도 지식인으로 만들어 주는
원시일보

원·달러 환율 1,420원대 돌파,
급등세 지속되나

입력 20xx.0x.xx. 오후 6:30   수정 20xx.0x.xx. 오전 9:20

서민수 기자

28일 서울 외환 시장에서 원·달러 환율은 달러당 1,421.2원에 거래를 마쳤다. 전일 종가보다 7.3원 오른 가격으로 21일부터 급등세를 지속하고 있다.

 나유식: 도통 무슨 소린지 모르겠어요.

 동방삭: 우리나라는 주로 수출을 통해 이익을 얻는 나라야. 환율

이 오르면 무역 수지가 흑자가 되지. 반대로 환율이 내려

가면 무역 수지가 적자가 된단다.

나유식: 환율이 오르는 게 왜 우리에게 이득인 거예요?

우리나라 돈의 단위는 '원'이야. 우리나라 안에서 물건을 사거나 거래를 할 때 사용하지. 우리 돈은 우리나라에서만 거래되는 화폐이기 때문에 다른 나라에서는 쓸 수 없어. 그래서 외국의 물건을 사거나 외국과 거래할 때는 그 나라에서도 사용할 수 있는 화폐로 바꾸어서 지불해야 해.

동방삭: 두부 한 모를 살 때 우리 돈으로는 1,000원이 필요하지만 옆 나라 돈으로는 100원이 필요할 수도 있어.

나유식: 어째서요?

동방삭: 나라마다 돈의 가치가 다르기 때문이지.

무언가 교환할 때는 교환하는 것들의 가치가 동등해야겠지? 돈도 마찬가지야. 동등한 가치만큼 바꾸어야 하지. 이렇게 **우리나라 돈과 다른 나라 돈을 바꾸는 비율을 환율이라고 해.** 환율은 우리나라 돈과 바꾸려는 나라 돈의 단위를 붙여서 표시해. 우리나라 돈과 미국의 달러를 바꾸는 비율은 원 달러 환율, 우리나라 돈과 유럽의 유로를 바꾸는 비율은 원 유로 환율이라고 부르지.

1달러, 1유로에 해당하는 우리나라 돈의 가치를 나타내는 거야. 원 달러 환율이 1,400이라는 건 1달러와 우리 돈 1,400원의 가치가 같다는 뜻이야.

글로벌화로 인해 외국과의 거래가 늘고, 거래하는 나라도 다양해졌어. 그래서 전 세계 사람들이 거래를 할 때 참고할 수 있는 거래의 기준이 필요해졌지. 아주 옛날에는 금이나 은처럼 귀한 광물로 거래를 했어.

그런데 거래량이 많아지고 복잡해지면서 새로운 기준이 필요해졌지. 1900년대 이후 세계에서 가장 힘이 센 나라로 미국이 자리를 잡자, 자연스럽게 사람들은 미국의 달러를 새로운 기준으로 삼기 시작했어. 많은 나라들이 자국 돈의 환율을 표시할 때 미국 달러를 기준으로 표시하고 있단다.

나유식: 그런데 환율은 왜 매일 달라지는 거예요?

동방삭: 각 나라의 돈도 하나의 상품이라고 할 수 있어. 시장에서 필요한 사람이 많으면 값이 올라가고, 살 사람이 없으면 값이 떨어지는 거지.

환율은 그 돈을 찾는 사람이 많으면 값이 올라가고, 찾는 사람이 없으면 떨어져. 어떤 나라가 내전이 심하거나 경제적으로 불안

하면, 그 나라의 돈의 가치는 떨어질 수밖에 없어. 그러면 환율이 오르게 되지.

환율은 이렇게 한 나라의 정치, 경제, 사회적인 환경에 따라 바뀌기도 하고, 세계 경제 상황에 따라 바뀌기도 해.

환율이 결정되는 데 있어 국가가 개입하지 않고, 시장에서 결정되는 대로 따르는 방식을 **자유 변동 환율제**라고 해. 대부분의 나라가 채택하고 있는 방식이지. 중국처럼 국가가 사람들의 경제 활동까지 깊게 개입하는 경우에는 환율도 그 나라가 정해서 시장에 발표해. 이런 걸 **고정 환율제**라고 불러. 정부가 국가의 경제 상황과 시장 상황 등을 고려해서 적정한 국가의 화폐 가치를 결정해서 발표하는 거야.

자유 변동 환율제가 국제 시장의 상황을 즉각적으로 반영하는 데 비해, 고정 환율제의 경우 좀 느리게 반영된다는 단점이 있어.

동방삭: 많은 나라가 미국 달러를 기준으로 환율을 표기하고 있어. 그런데 우리나라에서 환율이 올랐다는 의미는 미국 돈 1달러에 해당하는 우리나라 돈의 양이 늘었다는 뜻이야.

나유식: 1달러로 바꾸기 위해 우리 돈이 그만큼 많이 필요해졌다는 뜻이니까, 우리나라 돈의 가치가 떨어졌다는 거네요?

그럼 안 좋은 거 아니에요?

동방삭: 좋다, 안 좋다 딱 잘라 말하기는 어려워.

환율 상승은 수출하는 사람들에게 좋은 소식이야. 같은 물건을 팔아도 더 많은 돈을 받을 수 있기 때문이지. 물건 A를 1달러에 팔기로 했을 경우, 원 달러 환율이 100원에서 200원으로 오르면 수출한 사람은 200원을 받게 되거든. 반대로 수입하는 사람에게는 나쁜 소식이야. 같은 물건을 사기 위해 더 많은 돈을 지불해야 하니까.

얼핏 생각하면 수출을 많이 하는 우리나라는 환율이 오르면 무조건 좋을 것 같지? 하지만 우리는 수출뿐 아니라 물건을 생산하기 위해 중간 자재를 수입하는 일도 많아. 또 환율이 오른다는 것은 우리 돈의 가치가 그만큼 떨어졌다는 의미라서 국제 사회에서 우리나라를 그만큼 불안하게 바라본다는 뜻이기도 해. 그래서 환율을 적정선에서 유지하는 것이 국가 경제 팀의 중요한 임무 중 하나라고 할 수 있어.

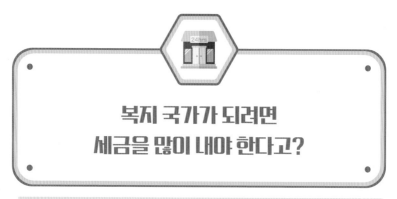

복지 국가가 되려면
세금을 많이 내야 한다고?

연관 검색어: #조세_정책 #육아_휴직_수당 #국세 #지방세 #복지_정책

na_victory
나승리

좋아요 126개
na_victory 내 사랑 오기쁨♡ 육아 휴직 수당 받는 여자라 행복해요.

4시간 전

wensuyusikmom 나도 육아 휴직 수당 받고 싶다.

2시간 전 　좋아요 1개 　답글 달기

 na_wensu 세금은 이렇게 쓰는 것!

1시간 전 　좋아요 1개 　답글 달기

 goodbyeeverone 꿀 복지 정책 강추!

방금 전 　답글 달기

나유식: 요즘 우리 고모는 살맛 난대요. 회사에서 육아 휴직 수당도 받고, 귀여운 조카도 직접 돌볼 수 있으니까요.

동방삭: 그렇구먼. 예전 같은 일 없이 수당이 계속 잘 나와야 할텐데 말이다.

나유식: 무슨 일 있었어요?

동방삭: 2015년 연말에 정부 예산이 떨어지면서 일부 지역에서 육아 휴직 수당을 지급하지 못했거든. 아이 키우는 부부들이 속 많이 썩었지.

나유식: 나라에서 지원하는 건데 중단된 거예요?

동방삭: 육아 수당 지급이나 무상 급식 지원 같은 복지 정책은 많은 자금이 필요해.

나유식: 그 돈들은 어떻게 마련하는데요?

국가는 나라를 운영할 때 필요한 자금을 마련하기 위해 국민에게 강제로 재물을 거둬들이는데, 이걸 세금이라고 해. 그리고 **누구에게 세금을 많이 내게 하고, 누구에게 세금을 덜 내게 할 것인지를 결정하는 국가의 정책을 '조세 정책'이라고 하지.**

국가는 조세 정책을 통해 국가에서 필요한 자금을 마련하고, 경제 문제를 해결할 수 있어. 돈을 많이 버는 사람에게 세금을 조금 더 많이 받고, 적게 버는 사람에게는 세금을 깎아 주어 개인 간의 소득 차이를 줄일 수 있지.

국민이 내는 세금은 조세라고도 불려. 국가를 운영하는 데 필요한 자금은 **국세**, 지방 자치 단체를 운영하는 데 필요한 자금은 **지방세**라고 부르지. 세금은 크게 소득세, 재산세, 유통세, 간접세 등으로 이루어져.

사람들은 일을 하거나 주식, 예금 등의 금융 활동을 통해 소득이 생기면 모두 소득세를 내야 해. 부모님으로부터 재산을 물려받을 때나 자식에게 물려줄 때는 재산세를 내야 하고. 집이나 땅 등 재산을 사고팔 때는 유통세를 내야 하지. 또한 모든 물건 값에는 부가 가치세라는 간접세가 붙어 있어서 우리는 물건을 살 때도 나라에 세금을 내고 있어.

나라에서 모든 국민이 좀 더 인간적이고 행복한 생활을 할 수 있도록 지원하는 제도가 복지 정책이야. 스웨덴을 비롯해 덴마크,

핀란드 등 북유럽 국가들은 복지 정책이 잘되어 있는 나라로 알려져 있어. 교육을 비롯해 의료, 사회 환경 등이 잘 갖춰져 있어서 국민 대부분이 돈이 많지 않아도 일정 수준의 교육과 문화, 의료 혜택을 누리며 살아갈 수 있지.

복지 정책이 잘되어 있는 나라일수록 국민들은 세금을 많이 내. **국민 한 사람이 버는 돈에서 세금을 얼마만큼 내는가를 비율로 나타낸 걸 '조세 부담률'이라고 말해.** 하지만 여기에는 국민들이 의무적으로 납부하는 연금이나 사회 보험의 부담은 포함하지 않아. 그래서 OECD에서는 국민들이 의무로 납부하는 비용들까지 포함해서 계산한 국민 부담률을 산출하고 있어. 국민 부담률은 조세 부담률보다 좀 더 포괄적으로 국민들이 세금을 부담하는 정도를 표현한 지표라고 할 수 있지.

GDP 대비 주요국 국민 부담률

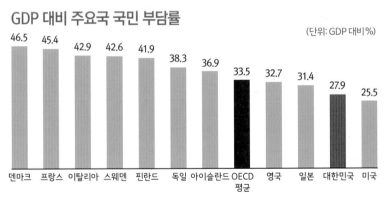

(단위: GDP 대비 %)

덴마크	프랑스	이탈리아	스웨덴	핀란드	독일	아이슬란드	OECD 평균	영국	일본	대한민국	미국
46.5	45.4	42.9	42.6	41.9	38.3	36.9	33.5	32.7	31.4	27.9	25.5

(출처: OECD Revenue Statistics 2021)

OECD 회원국 중 덴마크, 이탈리아, 프랑스 같은 나라는 조세 부담률이 40퍼센트가 넘어. 한 달에 받은 월급의 40퍼센트 이상을 세금으로 내는 거야. 교육비나 병원비 등을 나라에서 지원받기 때문에 세금을 그만큼 많이 내도 큰 불평이 없다고 해.

하지만 높은 수준의 복지 정책은 또 다른 부작용을 낳기도 해. 열심히 일하지 않고 무조건 나라의 지원만 받으려는 사람이 생기기 때문이지.

나유식: 복지 혜택이 많아지면 좋긴 한데, 나라에서 복지에 돈을 너무 많이 쓰면 나라 살림이 거덜 나는 거 아니에요?

동방삭: 물론 그럴 수 있지. 많은 복지 정책을 이어 가기 위해 나라 살림이 어려워질 수도 있어.

실제로 프랑스에서는 국민의 세금 비율을 올리려고 하자 고액 연봉자들이 이민을 가는 사태가 발생하기도 했어.

영국에서는 높은 복지 정책으로 나라에 경제 위기가 찾아온 적도 있지. 영국은 제2차 세계 대전 이후 많은 복지 정책을 펼쳐 왔어. 국가에서 주는 수당만으로도 기본 생계를 꾸려 가는 것이 가능했다고 해. 사람들은 점차 높은 임금을 원했고, 열심히 일하지 않으려 했대.

이런 복지 정책을 계속 유지하려고 하다 보니 재정은 악화될 수밖에 없었고, 결국 1976년 영국은 IMF로부터 자금 지원을 받는 수준까지 이르렀어. 높은 복지로 인해 영국에서 발생했던 그때의 상황을 사람들은 영국병 또는 복지병이라 불렀다고 해.

영국의 복지병은 마거릿 대처 수상의 정책으로 극복할 수 있었어. 대처 수상은 일하지 않는 사람에게 돌아가던 복지 정책을 모두 거두고, 긴축 정책을 펼쳐 나라를 정상화시켰어. 이렇듯 복지 정책과 조세 정책의 적절한 수준을 유지하는 것은 현대 국가들의 중요한 과제 중 하나야.

부자는 왜 세금을
더 내야 하는 걸까?

연관 검색어: #증세 #로빈_후드세 #복지 #부유세

원숭이도 지식인으로 만들어 주는
원시일보

뉴욕 갑부 40여 명 뉴욕주 의회에 소득 상위 1퍼센트는 세금을 더 내게 해 달라고 청원서 내다!

입력 20xx.0x.xx. 오후 4:21   수정 20xx.0x.xx. 오후 4:25

 나도하 기자

뉴욕의 갑부들이 소득 상위 1퍼센트의 사람들에게 세금을 더 내게 해 달라는 내용의 청원을 냈다. 한 푼이라도 세금을 줄이려고 노력하는 요즘 같은 시절에 세금을 더 내겠다는 사람들. 이들은 과연 정상인 걸까? 그것이 궁금하다.

동방삭: 이 기사는 **부자 증세**에 관한 내용이군. 부자 증세는 일정

금액 이상의 재산을 보유한 사람들이 그렇지 않은 사람들보다 높은 비율로 세금을 내야 한다는 주장이지.

나유식: 들어 본 적 있어요. 돈이 많으면 세금도 더 많이 내게 하자는 거죠?

동방삭: 그래, 이걸 버핏세나 로빈 후드세라고 부르기도 한다.

워런 버핏은 세계적으로 유명한 갑부야. 버핏세는 워런 버핏의 지적으로 부자 증세가 공론화되면서 붙여진 별칭이야. 6000만 달러를 버는 워런 버핏은 17퍼센트의 세금을 내는데, 회사 직원들은 평균 36퍼센트의 세금을 낸다고 말했지. 금액만 보면 자기가 더 많이 내는 것처럼 보이지만, 자신이 버는 것에 비교하면 직원들보다 적은 세금을 내고 있다고 지적했어. 버핏은 1년에 100만 달러 이상 버는 사람들은 더 많은 세금을 내야 한다고 주장했지. 이후 버락 오바마 대통령은 워런 버핏의 주장을 근거로 부자세를 추진하기도 했어. 하지만 부자세를 주장하는 쪽만큼 반대쪽 의견도 강해서 결국 부자세 도입은 실패했어.

나유식: 그런데 왜 이걸 로빈 후드세라고 부르는 거예요?

동방삭: 나쁜 부자들의 재산을 뺏어다 가난한 사람에게 나누어 주었던 로빈 후드처럼 부자들에게 걷은 세금으로 저소

득층의 복지에 사용하려 했기 때문이지.

나유식: 아하!

부자세와 비슷한 의미로 **부유세**라는 것이 있어. 일정 금액 이상의 자산을 보유한 사람들이 내는 세금이지. 부유세는 많은 부분이 사회 복지 확충에 이용돼. 자본주의 사회에서는 부자와 가난한 사람 사이의 재산 격차가 계속 커질 수밖에 없어. 국가는 복지 제도를 통해 빈부 격차를 줄여야 하지. 모든 사람이 자신이 버는 금액의 일정 비율을 세금으로 낸다면, 많이 버는 사람은 자연스럽게 세금을 더 낼 수밖에 없어. 이렇게 쌓인 세금으로 소득이 낮은 사람에게 여러 가지 복지 혜택을 줌으로써 사회 구성원 모두가 인간다운 삶을 꾸려 갈 수 있도록 만드는 거야.

부유세를 시행하는 나라는 많지 않아. 오랜 시간에 걸쳐 복지 제도가 만들어진 나라의 국민들은 세금을 많이 내는 것에 대한 거부감이 없어. 하지만 대부분의 나라에서는 부유세 시행의 부작용을 우려하지.

가장 큰 문제는 부자들이 재산을 해외로 가져가 버리는 거야. 조세 피난처에 재산을 숨기거나 세금을 적게 내는 곳으로 아예 이민을 가 버릴 수도 있어. 이렇게 세금을 피해 외국으로 이민을 떠나는 부자를 '**리치 노마드**'라고 해. 노마드는 유목민이라는 뜻이지.

프랑스는 리치 노마드로 골치를 앓은 나라야. 2012년 프랑스 정부는 1년에 100만 유로 이상을 버는 사람들에게 100만 유로를 뺀 나머지 돈에 대해 75퍼센트의 세금을 매기겠다고 발표했어. 일명 부자세를 공표한 거지.

이후 루이뷔통의 회장을 비롯해 많은 부자들이 벨기에, 스위스 등으로 이민을 신청해 떠나 버렸어. 이런 리치 노마드 현상은 프랑스뿐 아니라 미국, 중국 등 많은 나라에서 일어났지. 가축들에게 뜯길 풀을 찾아 이리저리 떠돌던 유목민처럼 부자들이 재산을 지키기 위해 이리저리 떠돌게 된 셈이지. 이런 문제점 때문에 부자세를 시행했다가 다시 없애는 나라도 생겨났어.

우리나라 역시 부자세에 대한 의견이 팽팽한 대립을 이루고 있어.

국가 신용 등급은
어떻게 정하는 걸까?

연관 검색어: #국가_신용_등급 #S&P #무디스

🐵 **원숭이도 지식인으로 만들어 주는**
원시일보

우리나라 신용 등급 'AA'로 유지!

입력 20xx.0x.xx. 오후 2:13   수정 20xx.0x.xx. 오후 4:23

👤 권신국 기자

국제 신용 평가 기관 스탠더드 앤드 푸어스(S&P)가 우리나라의 국가 신용 등급을 'AA'로 유지했다. 26일 기획재정부에 따르면, S&P는 한국의 국가 신용 등급을 현행 'AA'와 등급 전망 '안정적'을 재확인한다고 밝혔다.

 뭘 이렇게까지 좋아한담? 국가 신용 등급이 그렇게 중요한 건가요?

 그럼, 중요하지. 외국에서 우리나라에 투자를 할 때 기준

이 되거든.

나유식: 기준이 된다고요?

동방삭: 국가의 등급을 결정하는 세계 3대 신용 평가사가 있어. 그 회사들이 평가한 등급을 보고 다른 나라의 투자가들이 우리나라에 투자를 할지 말지, 하게 되면 어느 정도 할지를 결정하곤 해.

 국제 투자가들이 우리나라에 투자할 때 많이 참고하는 자료가 **국가 신용 등급**이야. **우리나라에 빚이 얼마나 있고, 갚을 능력이 되는지, 나라가 안정되어 있는지, 경제 상황은 어떤지 등 여러 가지 조건을 평가해서 표시한 등급**이지. 국가 신용 등급은 주로 나라에서 발행하는 국채에 투자할 때 중요한 지표가 되곤 해.

 그럼 국가 신용 등급을 정하는 건 어디일까? UN이나 국제기구 같은 곳일까? 놀랍게도 국가 신용 등급은 민간 기업인 신용 평가사에서 정해. 신용 평가사는 기업이 투자 대상으로 적정한지 판단해서 등급을 매기는 곳이야. 나라마다 많은 신용 평가사가 존재하지. 그중에서 세계 3대 신용 평가사인 스탠더드 앤드 푸어스(S&P), 무디스, 피치에서는 국가 신용 등급까지 평가하고 있어. 신용 평가는 투자 적격과 투자 부적격으로 나누어 각각 10단계로 이루어지고 있지.

2022 국가 신용 등급

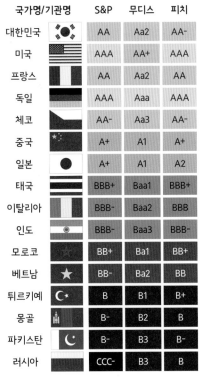

국가명/기관명		S&P	무디스	피치
대한민국		AA	Aa2	AA-
미국		AAA	AA+	AAA
프랑스		AA	Aa2	AA
독일		AAA	Aaa	AAA
체코		AA-	Aa3	AA-
중국		A+	A1	A+
일본		A+	A1	A2
태국		BBB+	Baa1	BBB+
이탈리아		BBB-	Baa2	BBB
인도		BBB-	Baa3	BBB-
모로코		BB+	Ba1	BB+
베트남		BB-	Ba2	BB
튀르키예		B	B1	B+
몽골		B-	B2	B
파키스탄		B-	B3	B-
러시아		CCC-	B3	B

신용 등급 분류

AAA/Aaa	매우 높음.
AA/Aa	높음.
A/A	양호.
BBB/Baa	적절.
BB/Ba	이행 능력 있지만 악화 가능.
B/B	투자 위험도 높음.
CCC/Caa	위험도 매우 높음.

(출처: 기획재정부, 2022년 4월 기준)

나유식: 어떻게 신용 평가사가 국가 등급까지 매기게 된 거예요?

동방삭: 수많은 회사가 부도나는 상황에서도 신용 평가 회사에서 높은 등급으로 평가한 회사들은 부도율이 낮았어. 그때부터 사람들은 신용 평가사를 신뢰하기 시작했지.

1970년대부터 미국 정부는 주식 시장을 키우기 위해 적극적으로 노력했어. 투자자들의 위험도를 줄여 주고자 스탠더드 앤드 푸어스, 무디스, 피치 3개 회사를 공식 신용 평가 회사로 지정했지.

이후 미국 주식 시장이 커지면서 3개 신용 평가 회사도 점점 커졌어. 그러다가 1990년대 이후 국제 금융 시장이 활성화되면서 본격적으로 국가 신용 등급까지 평가하게 된 거야. 이들 3대 신용 평가사의 세계 시장 점유율은 전체 신용 평가 시장의 약 90퍼센트를 차지할 정도로 막강한 영향력을 과시하고 있어. 3대 신용 평가사의 평가 등급에 따라 자금이 모이기도 하고 빠져나가기도 하지.

하지만 이들 3대 신용 평가 회사는 다른 투자 회사나 보험 회사처럼 민간 기업이야. 공익을 추구하여 설립한 공기업이 아니지. 그래서 막강한 영향력과 신뢰를 받고 있던 이들 회사의 신용 평가 등급을 의심의 눈으로 보는 사람들이 생기기 시작했어.

그러다가 서브프라임 모기지 사태가 벌어졌지. **서브프라임 모기지는 신용 등급이 낮은 사람들을 위한 미국의 대출 상품을 말해.** 이들 대출 상품을 판매하던 금융 기관들이 2007년에 파산하면서 시작된 서브프라임 모기지 사태는 그 영향이 연쇄적으로 이어져 세계 경제 위기를 초래했어.

나유식: 우리나라도 피해를 보았나요?

동방삭: 물론이지. 제2차 세계 대전이 끝난 후 벌어진 미국 최
대, 최악의 금융 위기에서 우리나라라고 안전할 수 있
겠니? 미국에서 시작된 재앙은 도미노처럼 진행되며 전
세계를 휩쓸면서 수많은 사람을 가난의 구렁텅이로 밀
어 넣었지. 오늘날 세계 금융은 아주 가깝게 연결돼 있
거든.

그런데 서브프라임 모기지 사태가 발생하기 불과 6개월 전까
지 세 회사 모두 서브프라임 모기지 상품에 대해 투자 적격 등급
을 내렸어. 투자자들은 안심하고 서브프라임 모기지 상품을 구
입했지. 그러다가 경제 위기가 벌어지기 얼마 전 갑작스럽게 서
브프라임 모기지 상품이 투자 부적격 상품으로 떨어졌고, 많은
돈을 투자했던 투자자들은 공황 상태에 빠질 수밖에 없었어.

이후 신용 평가사들은 제대로 평가를 했는지 미국 정부의 조사
를 받아야 했어. 전문가들은 민간 기업이기 때문에 고객이나 자
국의 이익을 생각해서 편파적인 평가가 이루어질 수 있다고 걱
정하고 있어. 무엇보다 신용 평가 회사들이 평가 기준을 명확하
게 공개하지 않아 이런 의심을 더욱 부추기고 있지. 과연 신용
평가 회사의 평가 등급을 어디까지 믿어야 할까?

셋째 주
정치
지성인 되기

청소년이 국회 의원이 되거나 정당 활동을 해도 될까? 국회 의원은 무슨 일을 하는 걸까? 가짜 뉴스에 속지 않으려면 어떻게 해야 할까? 17세 소녀는 어떻게 노벨 평화상을 받았을까? 전쟁이 나면 우리나라 군대를 미국이 통제한다고? NLL, 바다에도 경계선이 있다고? 병원비가 5억? 미국과 우리나라는 건강 보험이 어떻게 다를까? 미국 대통령은 왜 이렇게 오래 하는 거지?

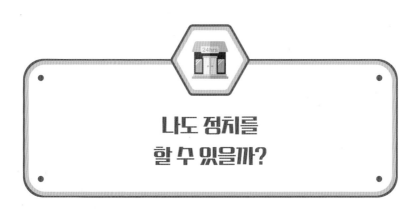

나도 정치를
할 수 있을까?

학교가 시끌벅적해졌다. 스웩녀 누나의 뒤를 이어 차기 학생회장으로 누가 좋을지에 대한 이야기가 한창이었다. 스웩녀 누나는 현 학생회장의 권한으로 차기 학생회장 후보를 추천했다. 그런데 놀랍게도 그 대상이 바로 나였다.

"저는 공부도 잘 못하고…… 부족한 게 많은걸요."

내가 수줍게 말하자 스웩녀 누나가 고개를 가로저으며 말했다.

"학생회장에게 가장 중요한 건 정치력인 것 같아. 사실 정치를 빼놓고 우리 생활을 말할 수는 없어. 그러나 사람들은 대부분 정치를 어렵고 먼 것이라고 생각하지."

"그런가요?"

나는 무슨 소리인지 도통 알아들을 수가 없었다. 그래도 스웩녀 누나에게 잘 보이고 싶은 마음에 한껏 웃음을 지으며 고개를 끄덕였다.

"그러니까 누나가 보기엔 제가 정치를 잘할 것 같은 거죠?"

"그래, 오늘날 한국 정치의 문제는 '정치 과잉'과 '정치 무관심' 현상이라 할 수 있어. 대화의 합의점을 찾지 못하기 때문에 늘 소모적인 논쟁을 계속하는 거야. 그러다 보면 과잉이 되고, 이것이 해결되지 못하니 결국 무관심으로 이어지는 거지."

턱을 괴면서 한숨을 쉬는 스웩녀 누나의 모습은 마치 한 폭의 그림 같았다.

"우리 학교도 비슷해. 애들은 우리가 뭘 하든 별로 관심이 없지. 학생회가 학교생활을 더 좋게 만들도록 학생들이 채찍질해 주어야 하는데 말이야."

"어렵네요."

"하지만 너라면 이 모든 걸 잘 해결할 수 있을 거야."

스웩녀 누나가 나를 돌아보며 웃었다. 나는 얼굴이 새빨개졌다. 정치니 논쟁이니 무슨 소리인지는 도통 모르겠지만 누나가 나를 믿어 준다는 것만으로도 가슴이 두근거리고 힘이 불끈 솟는 것 같았다. 학교가 끝나면 곧장 동방삭 아저씨의 편의점으로 달려가야겠다.

청소년이 국회 의원이 되거나
정당 활동을 해도 될까?

연관 검색어: #18세_선거권 #참정권 #투표권 #금배지

 swag_girl
스웩녀

❤️ 💬 📤   🔖

좋아요 228개

swag_girl 잊지 말자, 우리 청소년의 선거권을 위해 눈물의 삭발식을 한 선배님이 있었다!

54분 전

nayusik 진짜예요? 대체 왜? 생명만큼 소중한 머리카락을ㅜㅜ

10분 전   답글 달기

 swag_girl @nayusik 이런 선배님들이 있었기에 18세부터 투표할 수 있게 된 거야.

방금 전   답글 달기

나유식: 충격적인 사진을 봤어요. 16세 청소년이 눈물을 흘리면서 국회 앞에서 삭발을 했었대요.

동방삭: 2018년에 선거 연령을 18세로 낮춰 달라는 청소년들의 기자 회견에서 있었던 일이지. 어깨까지 내려오던 머리카락이 바리캉으로 순식간에 잘려 나가는 모습을 보며 많은 국민이 눈물을 흘렸지.

나유식: 근데 18세 선거가 그렇게까지 중요한 일이에요?

동방삭: 청소년에게 정치인을 뽑을 수 있는 권리가 있어야 한다고 생각하니?

나유식: 당연하죠. 청소년도 국민이잖아요.

18세 선거권이란, 쉽게 말하면 만 18세 이상이 되면 누구에게나 투표할 수 있는 권리를 주는 거야. 민주주의 국가에서는 국민에게 국가의 정치에 참여할 수 있는 권리인 참정권이 있어. 우리나라 헌법에는 선거권, 공무 담임권, 국민 투표권을 참정권으로 규정하고 있지. 여기에는 정치 운동의 권리도 포함돼 있어.

국민이 정치에 꼭 참여해야 하냐고? 국가의 주인은 국민이라는 걸 잊어서는 안 돼. **국가의 권리는 국민에게 있고, 모든 권력은 국민으로부터 나오는 거야.** 만약 국민이 정치에 무관심해지고, 참여하지 않는다면, 그것은 스스로 주인의 권리를 포기하는 꼴이야.

사실, 청소년들이 정치에 무관심한 것이 청소년들만의 잘못은 아니라고 생각해. 청소년들이 정치에 참여할 수 없도록 법으로 금지한 어른들의 잘못이 크지.

2020년 전까지만 해도 우리나라에서는 만 18세 미만의 청소년은 선거 운동을 금지했어. 선거권 자체가 없었던 거야. 그래서 청소년들은 투표도 할 수 없고, 정당 활동도 금지돼 있고, 정치에 참여할 수도 없었지. 그래서 자신의 정치적 의견을 주장할 수 없었어.

나유식: 우리도 생각이 있는데, 너무하네요. 어른들은 무슨 이유로 청소년들이 정치하는 것을 금지한 거예요?

동방삭: 청소년이 미성년자라는 이유 때문이었지. 청소년에게 선거권을 주는 것에 반대하는 사람들은 청소년기를 아직 인격적으로 성숙하지 않고, 가치관에 혼란을 겪을 때라고 생각했어. 그래서 청소년들이 정치적인 판단을 제대로

하지 못한다고 봤지.

나유식: 아, 갑자기 엄청나게 기분이 나빠지려고 하네. 내가 무식하긴 해도, 옳고 그름 정도는 판단할 줄 안다고요!

또한 반대론자들은 청소년기를 대학 입시에 매진해야 할 시기로 보면서, 정치적인 활동을 하기에는 시간적으로도 부족하고, 준비도 부족할 거라고 봤어. 자칫 잘못하면 학교가 정치 무대가 돼 버리지 않을까 우려하기도 했지.

반대로, 만 18세에게 선거권을 줘야 한다는 찬성론자들은, 만 18세 정도면 충분히 정치적인 결정을 할 능력이 있다고 생각했어. 그래서 청소년도 선거에 참여함으로써 자기 삶에 영향을 주는 정치에 참여해야 한다고 주장했지.

사실 우리나라 법에 따르자면, 만 18세는 공무원법에 의해 공무원을 할 수 있고, 부모의 동의가 있다면 결혼도 가능하고, 병역의 의무를 지고 군대에도 갈 수 있는 나이야.

나유식: 거봐요! 만 18세가 인격적으로 미성숙하다는 반대론자들의 주장은 법의 형평성에 맞지 않잖아요. 외국도 그런가요?

외국은 우리와 달라. 한국은 경제협력개발기구(OECD) 국가 가운데 유일하게 선거 연령이 만 19세였어. OECD 38개국 중 미국, 영국, 프랑스, 일본 등 32개국은 만 18세가 되면 선거를 할 수 있는 권리가 생겨. 특히 오스트리아는 만 16세부터 선거를 할 수 있지. 오스트리아는 청년보다 고령자가 너무 많아서 그래. 이 나라들의 청소년은 SNS 등 다양한 미디어를 통해 자신의 정치적인 의견을 표출하고 선거 운동도 활발하게 해. 자신들에게 불리한 법이나 권리를 개정하도록 요구하기도 하지.

우리나라는 무려 30여 년 동안 만 18세에게 선거권을 줘야 한다, 안 된다는 것으로 계속 다투다가 드디어 2020년, 만 18세에게 선거권을 부여했어. 2020년 4월에 만 18세들은 최초로 국회의원을 자신들의 손으로 뽑았고, 2022년에는 대통령 선거에도 참여했지.

이렇게 된 배경에는, 2016년 우리나라 민주주의 역사에서 잊지 못할 중요한 사건인 박근혜 대통령의 퇴진 운동과 탄핵이 있었어. 청소년들이 전국 방방곡곡에서 박근혜 대통령 퇴진 운동에 활발하게 참여하면서 청소년에게 정치를 금지해야 한다는 생각이 힘을 잃고, 선거권을 줘야 한다는 주장이 힘을 얻게 되었어. 촛불청소년인권법제정연대 같은 단체들은 눈물의 삭발식을 감행하며 "청소년도 시민이다."라는 표어로 청소년의 사회적 위치를 바꾸고, 선거법마저 바꾸게 했지.

나유식: 선거권 말고요, 청소년이 아예 국회 의원이나 시 의원, 도 의원 같은 걸 할 수는 없나요? 청소년이 국회 의원이 되 면 청소년들을 위해 좋은 법을 많이 만들 것 같은데…….

동방삭: 그걸 피선거권이라고 해. 선거에서 당선될 수 있는 권리 이지. 우리나라에 만 18세의 국회 의원이나 지방 의원 은 없어. 하지만…….

2020년까지 청소년에게는 피선거권이 없었어. 그런데 2021년 12월 31일, 우리나라 국회에서 또 하나의 중요한 법률이 통과되 었어. 국회 의원과 지방 선거의 피선거권 나이가 만 25세에서 만 18세로 내려간 거야. 이제 만 18세부터 국회 의원이나 지방 의 원을 할 수 있게 된 거지.

나유식: 와! 그럼 혹시 나도 만 18세가 되면 국회 의원이 되어 금배지를 달 수 있을까요?

동방삭: 물론 가능해. 하지만 우선 반장이나 학생회장부터 해 봐 야 하지 않을까? 정당 활동도 해 봐야 하고.

앞에서 말했지만, 그동안 우리나라는 청소년의 정당 활동을 금지했어. 그런데 2022년 1월에 청소년들이 정당 활동을 할 수 있는 법률이 통과되었지. 이전에는 만 18세가 되어야 정당에 가입할 수 있었는데, 이때부터 만 16세부터 정당 활동을 할 수 있게 되었어. 고등학생들이 본격적으로 정치에 참여하고, 선거 운동을 할 수 있는 길이 열린 거야.

중앙선거관리위원회가 발표한 '숫자로 보는 제20대 대선' 자료에 따르면 제20대 대통령 선거에 들어간 비용은 무려 4210억 원에 달했다고 해. 어마어마하지? 이렇게 선거에는 큰 비용이 들어가. 그러니 국민을 위해 제대로 일할 사람을 잘 선별해서 뽑아야 하지. 만약 잘못 뽑으면 우리가 낸 세금은 누군가의 뱃속으로 들어가 사라져 버릴 거야. 이제 투표권이 얼마나 소중하고 중요한지 알 수 있겠지? 한 번의 선택이 우리의 생활과 미래를 바꿀 수 있어. 한 표의 무게는 이렇게 무거운 거야.

"정치적 무관심의 대가는 자기보다 못한 사람의 통치를 받는 것이다."라는 말이 있어. 플라톤의 《국가》에 나오는 말이지. 우리가 더 나은 세상, 더 정의로운 세상을 만들려면 정치에 꾸준히 관심을 두고 열심히 활동해야 해.

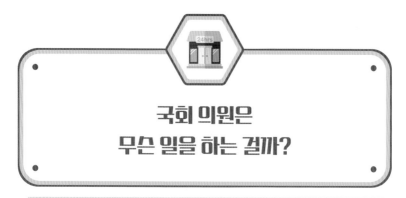

국회 의원은
무슨 일을 하는 걸까?

연관 검색어: #매니페스토 #국정_감사 #국민의_대리인 #특권과_의무

좋아요 54개

kimwait60 안녕하십니까. 국회 의원 후보 김대기입니다. 우리 학생들이 살기
편한 세상을 만들겠습니다. 이 사람 한번 믿어 주세요.

1시간 전

bora_0727 선거 때만 이러는 거 아니에요?
11분 전   답글 달기

 nayusik @bora_0727 맞아, 우리 아빠가 국회 의원은 거짓말쟁이라던데?
방금 전   답글 달기

나유식: 요즘 어딜 가나 선거 유세 때문에 너무 시끄러워요.

동방삭: 그래, 우리나라는 4년에 한 번씩 전국이 선거로 들썩거리지.

나유식: 도대체 국회 의원은 왜 뽑는 거예요?

동방삭: 우리나라는 민주주의 국가잖니. 그러니 국민을 대신할 대리인을 뽑는 거지.

　민주주의는 국민이 권력을 가지고 그 권력을 스스로 행사하는 제도나 사상을 뜻해. 그래서 민주주의 국가의 주인은 국민이야. 하지만 모든 국민이 정치인으로 살 수는 없잖아. 그래서 국민을 대변할 대표자를 뽑아서 정치를 하도록 한 거야. 이렇게 국민들이 선출한 대표자가 바로 국회 의원이야.

　국민을 대신해서 법을 만들고, 정부가 제대로 나라 살림을 운영하는지 감시하는 일이 이들의 주요 임무지. 국회 의원은 평생직이 아니야. 4년 동안 국민을 대표해서 일하다가 다시 선거를 통해 국민들에게 선택받은 뒤 의원직을 이어 가기도 하고, 국회 의원을 그만두고 국민의 한 사람으로 돌아가기도 하지.

국회 의원은 국민들이 보통, 비밀, 직접, 평등 선거를 통해서 뽑아. 만 18세가 넘은 국민이라면 누구나 공평하게 투표권을 갖고 본인의 의사에 따라 직접 대표를 뽑을 수 있지.

나유식: 국민을 대표하는 건 명예로운 일 같아요.

동방삭: 맞아. 그래서 여러 가지 혜택을 받는 동시에 반드시 지켜야 할 의무도 있지.

나유식: 의무라고요?

동방삭: 국회 의원은 모든 의사 결정을 할 때 국가의 이익을 우선해야 해.

국민이 뽑아서 선출된 국회 의원에겐 높은 지위와 권력이 부여돼. 나라의 중요 사안들을 결정할 수 있기 때문이지. 그래서 국회 의원이 자기 지위를 남용하지 못하도록 법으로 금지하고 있어. 국회 의원은 무엇보다 국가의 이익을 우선해야 한다고 했지? 국회 의원은 개인의 이익에 집중하지 말고 청렴해야 하며, 국무 의원, 장관을 제외한 다른 직업을 가질 수 없도록 의무 사항으로 지정해 놓고 있어.

그렇다고 의무만 있는 건 아니야. 국회 의원에게는 안심하고 국민의 이익을 대변할 수 있도록 특권도 주어져. '**불체포 특권**'과 '**면책 특권**'이 바로 그것이야. 이 두 가지 특권은 국회 의원이 의사 결정을 하는 데 다른 권력이 간섭하거나 영향을 끼치지 못하도록 국회 의원을 보호해. 그래서 현행법으로 잘못을 저지른 경우가 아니면 국회의 동의 없이 국회 의원을 체포할 수 없어. 그리고 국회 내에서 국회 의원 업무를 수행하면서 한 말이나 표결에 대해 국회 밖에서 책임지지 않아도 돼.

나유식: 그럼 국회 의원 한 명이 대체 몇 명을 대신하는 거예요?

동방삭: 음, 대략 국회 의원 한 명당 국민 20만 명을 대표하는 셈이라고 칠 수 있지.

나유식: 그걸 어떻게 알아요?

동방삭: 우리나라 국회 의원은 모두 300명이거든. 선거로 뽑는 국회 의원 수 253명, 뽑힌 국회 의원 수에 비례해 정당에서 정할 수 있는 국회 의원 수 47명이지.

나유식: 아하, 우리나라 인구랑 대비해 보면 답이 나오겠네요.

2022년 우리나라의 국민은 5162만 명을 넘었어. 국회 의원 수 253명으로 나누어 보면 약 20만 명이 나와. 국회 의원 한 명이 국민 20만 명을 대신해서 나라 일을 하고 있는 것이지. 하지만 지역마다 살고 있는 인구수가 달라서, 국회 의원이 대표하는 국민 수가 모두 똑같지는 않아. 인구가 밀집되어 있는 곳에서는 국회 의원 한 명이 27만 명을 대표하기도 하고, 인구가 줄어든 농어촌 지역에서는 한 명의 국회 의원이 국민 15만 명을 대표하기도 해.

또한, 우리나라는 행정 구역과 지역 주민 수를 기준으로 국회 의원의 숫자가 정해져. 그래서 지역마다 국회 의원의 수가 다르지. 인구가 많은 서울과 경기도에서 가장 많은 국회 의원이 선출되곤 해.

우리나라는 학연, 지연, 혈연 등 나와 연관 있는 사람을 국회 의원으로 뽑는 경우가 많아서 문제가 되고 있어. 국회 의원은 나를 대표해서 우리나라를 대신 운영할 사람이기 때문에 그 사람이 나와 어떻게 연관이 있느냐보다, 그 사람이 국회 의원으로 무슨 일을 할 건지를 잘 살펴보고 뽑아야 해.

국회 의원 후보는 선거에 뽑히기 위해 지역을 돌아다니면서, 국회 의원이 되면 무슨 일을 할 건지 사람들에게 공약을 발표해. 이러한 **국회 의원들의 선거 공약들을 '매니페스토'**라고 하지. 국민들은 국회 의원들의 매니페스토를 잘 살펴보고, 우리나라 국정 운영에 필요한 계획들을 잘 골라내서 선택해야 해. 그리고 다음번 선거 때 그 국회 의원이 다시 나온다면, 지난 선거 때 제시했던 매니페스토를 잘 지켰는지 살펴보는 것도 잊지 말아야 해.

동방삭: 국회 의원이 하는 가장 중요한 일은 아무래도 국정 감사
일 거야.

나유식: 그게 뭔데요?

우리나라는 입법, 사법, 행정 등 나라 살림을 세 부분으로 나
누어 운영해. 이때 어느 한 곳에 힘이 집중되면 문제가 생길 수
있으니까 서로 견제하고 감시할 수 있는 기능을 주지. 그래서 국
회는 법을 만드는 일과 더불어 정부가 나라 살림을 제대로 하고
있는지 감시하는 역할도 함께해.

우리나라에서는 매년 9월 1일부터 100일 동안 정기 국회가 열
려. 정기 국회 동안 국회 의원의 가장 중요한 업무인 입법 활동
과 다음 해 예산을 확정하지. 국회 의원 한 사람, 한 사람이 모든
분야를 알 수 없으므로 각자의 주요 활동 영역을 정해서 상임 위
원회 활동을 하게 돼. 상임 위원회를 중심으로 입법과 해당 소속
국가 기관들을 감시하는 거지.

국회 의원들은 정기 국회가 열리기 전에 각 기관들이 제대로
역할을 하고 있는지 파악해야 해. 그래야 정부가 올린 예산을 승
인해 줄 수 있거든, **국회 의원들이 행정부의 각 기관들을 감독하고**

제대로 활동하고 있는지 파악하는 활동을 '국정 감사'라고 해.

정부 조직법에 나와 있는 국가 기관을 비롯해 지방 자치 단체, 정부 투자 기관, 기타 국회 본회의에서 국정 감사가 필요하다고 의결한 기관 등을 감사할 수 있지. 국정 감사는 정기 국회 이전에 이루어져야 하는데, 감사 시작일로부터 30일 이내에 마무리가 되어야 해.

국회 상임 위원회에서는 국정 감사를 어떻게 진행할 것인지 계획서를 만들어서 감사를 받을 기관에 미리 보내 줘야 해. 기간과 내용을 미리 통보받은 행정 기관이나 사법 기관은 계획서에 답변할 내용을 충실히 준비해서 답변해야 하지.

나유식: 국정 감사와 국정 조사는 뭐가 다른 거죠?

동방삭: 국정 감사는 국정 전반에 걸쳐 감시하는 역할을 의미해. 국정 전반에는 입법을 제외한 행정, 사법이 모두 포함되지.

국정 감사는 이들 기관을 감시하고, 견제하기 위한 활동이라고 할 수 있어. 행정부나 사법부는 매년 국정 감사를 받아야 하기 때문에, 더욱 열심히 공무 활동을 하게 되지. 이와 달리 국정 조사는 나라에 특별한 일이 발생했을 때 하는 활동을 말해.

국정 조사만을 위해 특별 위원회가 만들어지기도 하고, 연관 있는 상임 위원회가 국정 조사를 맡기도 하지. 세월호 사건처럼 국민들의 관심이 집중되거나 국익과 관련된 특별한 일들이 국정 조사의 대상이 될 수 있어.

국회 의원은 국민이 직접 선출한 대표자들이어서 법률상으로 국회를 감시하는 감사 기관이 없어. 그래서 NGO 단체인 법률소비자연맹에서 국회가 제대로 역할을 수행하고 있는지 감시하는 활동을 벌이고 있어. 국정 감사 NGO 모니터단은 그런 활동 중 하나야. 시민과 대학생들이 국정 감사 기간에 국정 감사 현장에서 공정하고 적절하게 감사가 이루어지고 있는지 감시하고, 보고서를 작성해 평가하고 있어.

이렇듯 국민들도 국회 의원들이 일을 제대로 하고 있는지 관심을 두고 지켜봐야 해. 나를 대신해서 국회에서 일을 하라고 뽑은 사람들이니까, 이들이 일을 제대로 하고 있는지 지켜보며 때로는 응원과 격려를, 때로는 질책과 비평의 목소리를 내야 해.

요즘에는 예전보다 국회 의원들과의 소통이 활발해졌어. 동네를 살펴보면 지역구 국회 의원의 사무실을 찾을 수 있어. 직접 찾아가서 이야기를 나눌 수도 있고, 국회 청원이나 국회 의원 개인 SNS 등 온라인으로 의견을 제안할 수도 있지.

▲ 국회 홈페이지에서 진행 중인 청원 (출처: 대한민국 국회 홈페이지)

　내가 사는 지역, 내가 사는 나라를 좀 더 좋게 만들고 싶다면 적극적으로 생각과 의견을 표현해 봐. 정치는 국회 의원만의 일이 아니야. 대한민국의 주인은 국민이고, 국회 의원은 임시로 국민을 대표하는 사람일 뿐이야. 주권 의식을 갖고 정치에 관심을 기울여야 해. 그래야 내가 믿고 뽑은 국회 의원이 부패하지 않고 나를 위해, 내가 사는 지역을 위해 열심히 일할 거야.

가짜 뉴스에 속지 않으려면
어떻게 해야 할까?

연관 검색어: #페이크_뉴스 #스팸봇 #팩트_체크 #미디어_리터러시

 나웬수

■ [속보] 카더라 통신 ■
교황이 김치국 대통령 후보
지지 선언!

베드로 교황이
김치국 후보가 대통령이 되면
하느님이 보우하사
우리나라 만세를 할 거라면서
전 세계가 보는 앞에서
지지를 선언했다.

세계 각국의 대통령들이
김치국 후보를 만나려고
연락이 빗발치고 있다.

neotube에서 '교황 김치국 지지 선언' 보기
https://neotu.be/SWeNEkAf

나유식: 와! 우리나라 선거에 교황이 관심을 두다니! 이번 대통령 선거에서는 김치국 후보가 당선되는가 봐요.

동방삭: 가짜 뉴스에 바로 속는군.

나유식: 가짜라고요? 이 사진을 보세요!

동방삭: 에휴, 가짜 뉴스에 속지 않는 법부터 가르쳐야겠구나.

　가짜 뉴스는 우리나라뿐 아니라 전 세계적으로 심각한 문제를 일으키고 있어. 외국에서는 페이크 뉴스라고 부르지. 가짜 뉴스는 아직 사회 경험이 많지 않지만, SNS를 활발하게 하는 청소년 세대가 많이 속는 편이야.

　가짜 뉴스는 과거에도 있었지만, 인터넷이 발달하면서 온갖 정보들이 쏟아지는 최근 들어 더욱 심각한 사회 문제가 되고 있어. 단순히 뉴스뿐만 아니라, 사진, 동영상 등을 가짜로 만들어 SNS와 유튜브에서 공유하는 방식으로 급속도로 퍼지고 있지. 한마디로, 가짜 뉴스는 인터넷 시대의 부작용이라고 할 수 있어.

나유식: 왜 가짜 뉴스를 퍼뜨리는 걸까요? 심심해서? 장난으로?

동방삭: 누군가가 너에게 거짓말을 한다면, 그 이유가 뭘까? 너를 속여서 이용하기 위해서가 아닐까?

친구끼리 종종 거짓말을 할 때가 있을 거야. 하지만 웃어넘길 수 있는 수준이 아니라 심각한 피해를 봤다면, 그건 장난이 아니라 사건이 될 거야.

어떤 사람들은 대중의 마음을 이용하기 위해 가짜 뉴스를 퍼뜨려. 이들은 가짜 뉴스로 대중을 속이지. 그리고 대중의 마음을 조종해서 권력을 얻고, 돈을 벌어. 그래서 나쁜 정치인들은 쉴 새 없이 거짓말을 해. 거짓말로 국민을 속이고, 가짜 뉴스를 배포하고, 자신의 거짓말을 퍼뜨려 줄 언론사와 기자들을 이용하지.

가짜 뉴스는 세계 역사에서도 쉽게 찾아볼 수 있어. 우리가 흔히 흡혈귀로 알고 있는 드라큘라 백작은 사실 오스만 제국의 침략에 맞서 싸운 루마니아의 영웅이었어. 훗날 정치적인 이유로 잔인한 흡혈귀로 불리게 되었지.

1923년 일본에 관동 대지진이 일어났을 때도, 일본인들 사이에서는 한국인이 우물에 독을 풀었다는 가짜 뉴스가 퍼진 적이 있었어. 그러면서 분노한 일본인들에 의해 엄청나게 많은 한국인들이 목숨을 잃었지. 당시 일본 정부는 자신들의 안위를 위한 희생양이 필요했거든.

가짜 뉴스는 정치와 연관된 경우가 많아. 2016년 미국 대통령 선거 때 도널드 트럼프와 힐러리 클린턴이 맞붙었어. 이때 대선 직전 3개월 동안 주요 매체가 올린 진짜 뉴스보다 페이스북에 올라온 가짜 뉴스가 더 많이 공유되고 관심을 끌었다고 해. 가짜 뉴스 871만 1,000건, 진짜 뉴스 736만 7,000건으로 진짜 뉴스보다 가짜 뉴스가 훨씬 많았으니, 세상이 얼마나 혼란했는지 알 수 있겠지?

대표적인 사례가 이른바 '피자 게이트 사건'이야. 힐러리 클린턴이 아동 성 노예 조직을 운영한다는 도저히 믿기 힘든 뉴스가 삽시간에 퍼졌고, 급기야 애꿎은 피자 가게에 총을 쏘는 일이 일어났어. 이 가짜 뉴스가 선거 결과를 결정했다고 확정할 수는 없지만 직전까지 여론 조사에서 우세하던 힐러리 클린턴은 결국 대선에서 패배했지.

가짜 뉴스에 속은 국민이 나쁜 정치인을 뽑고, 조종해서 엄청난 피해를 일으킨 사건은 역사적으로 수없이 많고, 지금도 계속되고 있어. 우리나라에서도 선거 때마다 수많은 가짜 뉴스가 쏟아져 나와서 국민을 속이고 자기들 마음대로 조종하려고 해. 우리가 왜 가짜 뉴스에 속지 말아야 하는지 이제 알겠니? 그건 바로 누군가에게 조종당하는 어리석은 꼭두각시가 되지 않기 위해서야.

나유식: 오! 방금 트위터에 떴는데, 테슬라 자동차 공장에서 배터리가 폭발해서 일론 머스크가 죽었대요!

동방삭: 또 가짜 뉴스로군.

나뮤삭: 한두 개가 아닌걸요? 수십, 수백 개 뉴스가 동시에 올라왔는데, 어떻게 가짜예요? 동영상도 있어요!

동방삭: 봇을 이용했겠지. 동영상은 인공 지능을 이용한 딥페이크 기술로 만든 조작일 테고.

나뮤삭: 봇이라니요? 트위터에 로봇이 있나요?

트위터는 일일 사용자가 무려 2억 3000만 명에 달하는 대표적인 소셜 미디어야. 2022년 테슬라와 스페이스X의 CEO인 일론 머스크가 트위터를 인수했어. 그런데 인수 직전에 일론 머스크는 계약을 파기할 뻔했다고 해. 바로 가짜 뉴스 때문이었지.

트위터에는 가짜로 만든 허위 계정이 많았고, 가짜 뉴스도 엄청나게 많이 쏟아지는 상황이었어. 수백 개의 가짜 뉴스가 동시에 쏟아지는 건, 스팸봇이라는 컴퓨터 프로그램이 자동으로 뉴스를 퍼뜨리기 때문이야. 트위터 측은 허위 계정과 스팸봇이 전체 활동 계정의 5퍼센트 미만이라고 했지만, 일론 머스크는 최소 20퍼센트일 거로 추측하면서 투명하게 공개하라고 요구했지.

나뮤삭: 가짜 뉴스에 안 속으려면 어떻게 해야 해요? 뉴스를 안 보면 될까요?

동방삭: 뉴스를 안 보고 살 수는 없어. 오히려 더 적극적으로 뉴스를 봐야지.

　요즘같이 인터넷이 없으면 일상생활이 안 되는 시대에 뉴스는 유튜브, 트위터, 페이스북 등 각종 소셜 미디어를 통해서 끊임없이 나오고 있어. 더구나 가짜 뉴스는 자극적인 제목이 많아서 나도 모르게 클릭하는 경우가 많지.

　가짜 뉴스에 속지 않으려면, 뉴스가 진짜인지 가짜인지 판단할 줄 알아야 해. 누군가가 너에게 거짓말을 했을 때, 그 말이 진실인지 거짓인지 알아내려면 어떻게 해야 할까? 믿을 만한 다른 친구에게 물어보는 게 제일 쉽겠지? 뉴스도 마찬가지야. 가짜 뉴스에 속지 않는 세 가지 방법을 알려 줄게.

　1단계. 믿을 만한 언론사의 뉴스인지 확인할 것.

　2단계. 근거가 있는 자료인지 확인할 것.

　3단계. 뉴스가 작성된 날짜를 확인할 것.

　1단계부터 살펴보자. 어떤 뉴스를 접했을 때 우선 그 뉴스가 믿을 만한 언론사에서 제공된 것인지 확인해야 해. 또 다른 언론사에서는 그 뉴스를 어떻게 다루었는지도 비교해야 하지. 가짜 뉴스는 대부분 신뢰할 수 없는 언론사나 정치적으로 상대를 속여서 이용하려는 유튜버, 출처를 알 수 없는 트위터 등에서 생산돼.

그래서 '**미디어 리터러시**'라는 능력을 키워야 해. 미디어에서 나오는 정보를 해독하는 능력 말이야.

2단계. 가짜 뉴스는 사실이 아닌 자료를 만들어 사용하거나 사실을 왜곡하거나 변형해서 사용해. 세상에 있지도 않은 통계 자료를 사실인 것처럼 그럴싸하게 만들어서 근거 자료로 제시하면 가짜 뉴스에 깜박 속아 넘어가기 십상이지. 뉴스에 사용한 자료가 사실인지 아닌지 알아내려면, 평소에 신뢰하는 언론 매체를 두세 군데 두고, 살펴보는 습관을 지녀야 해. 이게 바로 팩트 체크야.

3단계. 수개월 혹은 수년 전에 있었던 사건을 마치 최근에 있었던 일인 것처럼 퍼뜨리기도 해. 정말 황당하지? 이런 뉴스는 사람들을 속여서 이득을 보려는 나쁜 의도를 갖고 올리는 경우가 많아. 그래서 뉴스가 작성된 날짜와 사건이 일어난 날짜를 확인해야 해.

나유식: 가짜 뉴스를 법으로 금지하면 되지 않을까요? 가짜 뉴스를 퍼뜨리면 아예 사형에 처하는 거예요!

동방삭: 너, 생각보다 과격하구나!

타이완에서는 가짜 뉴스로 부상자가 발생하면 10년 이하의

징역, 사망자가 발생하면 최대 무기징역이란 강력한 처벌법이 시행되고 있어. 하지만 가짜 뉴스를 법으로 금지하고 처벌하는 것은 생각처럼 간단한 문제가 아니야.

우리나라에서도 가짜 뉴스를 막기 위한 법을 만들려고 시도했어. 국회 의원들이 '가짜정보 유통 방지에 관한 법률안'을 제안하고, '언론중재 및 피해구제에 관한 법률(언론중재법)'을 수정하려고 했지. 하지만 매번 거센 반대와 비판에 부딪히곤 했어. 표현의 자유를 억압할 수 있기 때문이지. 가짜 뉴스를 막는답시고 언론의 자유를 통제할 수도 있잖아. 하지만 국민을 위해, 나아가 나라를 위해서도 가짜 뉴스 처벌법은 꼭 필요하다고 생각해.

가짜 뉴스는 결코 '어리석은 사람만 믿는 거짓말'이 아니야. 세상 곳곳에서 덫처럼 놓여서 누군가 걸리기를 기다리고 있어. 가짜 뉴스의 덫에 걸리지 않으려면, 정보를 이해하고 선별할 수 있는 미디어 리터러시를 기르고, 팩트 체크하는 습관을 들여야 한다는 걸 잊지 마.

17세 소녀는 어떻게
노벨 평화상을 받았을까?

연관 검색어: #파키스탄 #인권 #노벨_평화상

 원숭이도 지식인으로 만들어 주는
원시일보

최연소 노벨 평화상 수상! 말랄라 유사프자이,
그는 누구인가?

입력 20xx.0x.xx. 오후 2:13   수정 20xx.0x.xx. 오후 4:23

 김지선 기자

1997년 파키스탄에서 태어난 말랄라는 탈레반의 여성 교육 금지 체제에 저항하다 15세 때 하교하던 중 머리와 목에 총을 맞았다. 간신히 목숨을 건진 그는 이후 영국에서 여성과 어린이 인권 운동을 이어 갔고, 2014년에는 최연소 노벨 평화상 수상자로 선정되었다.

나유식: 파키스탄은 여자들이 공부할 수 없어요? 공부하게 해달

라고 한 것뿐인데 총을 쏴요? 미친 거 아니에요?

동방삭: 파키스탄이 여성 교육에 편견이 있는 것은 맞아. 하지만 말랄라가 저격을 당한 것은 말랄라가 살던 고향 스와트 밸리가 탈레반에 점령당했기 때문이란다.

나유식: 탈레반이요? 여기저기 테러하고 다니는 사람들 맞죠?

동방삭: 허허, 간단하게 말하자면 그렇지. 탈레반은 이슬람 극단주의 세력을 말해.

탈레반은 사람들에게 아주 엄격한 율법을 지키게 하고, 특히 여성들을 억압하기로 악명이 높지. 교육을 금지시키는 것은 물론 남자와 동행하지 않으면 바깥에 나올 수 없고, 바깥에 나오더라도 머리부터 발끝까지 가리는 '부르카'를 착용하도록 강요한단다. 이런 탈레반이 스와트밸리를 점령한 거야. 탈레반은 스와트밸리의 학교를 폭파하고 여성의 교육을 전면 금지시켰어. 말랄라도 더 이상 학교에 다닐 수 없었지.

나유식: 그런데 어떻게 이렇게 유명해질 수 있었어요?

동방삭: 영국 BBC에서 탈레반에 억압당하는 이야기를 써 줄 사람을 찾고 있었거든. 아무도 선뜻 나서는 사람이 없었는데, 말랄라가 나선 거야. 고작 열한 살의 나이에 말이야.

나유식: 초등학교 4학년 때요? 진짜 대단하다!

동방삭: 맞아. 우리나라로 치면 초등학교 4학년 때 체제에 맞서는 행동을 한 거지.

BBC 방송에서는 말랄라의 글을 보고 파키스탄 소녀들의 상황을 다큐멘터리로 만들어서 방송에 내보냈어. 그 과정에서 말랄라의 얼굴과 신분이 노출되면서 말랄라는 탈레반 세력의 위협에 시달리게 되었지. 2012년에는 탈레반 무장 세력이 쏜 총에 맞아 목숨이 위태로운 상황에 빠지기도 했어. 다행히 말랄라는 가족들과 함께 영국으로 이송되어 재활 치료를 받고 건강을 회복했다고 해.

이후 말랄라는 파키스탄과 주변 지역의 아동과 여성들의 교육 환경을 세계에 알리면서 새로운 교육 여건이 만들어질 수 있도록 노력하고 있어. UN에서 청소년 대표로 연설을 하기도 하고 세계를 돌아다니면서 전 세계 모든 아동들이 교육받을 수 있도록 도와달라고 호소하기도 했어. 말랄라의 이런 열성적인 활동은 아시아 지역의 여성 교육 환경에 대한 사람들의 생각을 바꾸기 시작했어.

2014년 노벨 위원회는 인도의 또 다른 인권 운동가인 카일라시 사티아르티와 함께 말랄라를 그해의 노벨 평화상 수상자로 선정했어

나유식: 와! 노벨 평화상을 받다니!

동방삭: 인류 평화에 공헌한 사람들에게 주는 상이니까, 말랄라
는 충분히 받을 자격이 있지.

    매년 10월 노벨 위원회에서는 전 세계의 평화와 인권을 위해
노력한 사람을 선정해 노벨 평화상을 시상해. 1901년부터 지금
까지 이어 오고 있지.

    노벨 평화상은 세계 인류가 행복하게 살아가는 데 기여한 단체
나 사람에게 수여되고 있어. 각 나라의 정부나 국제기구, 각 대
학, 노벨 평화상 수상자 등이 후보자를 추천하면, 노벨 위원회에
서 후보자들을 살펴보고 그해의 수상자를 선출하지.

    반전 평화 운동이나 꾸준한 환경 운동, 국제 분쟁 해결 활동,
인권 활동 등을 해 온 사람들이 주로 후보자로 추천돼. 노벨 평
화상을 받은 사람들에게는 금으로
만든 메달과 상장, 상금이 주어져.
매년 금액이 조금씩 다르지만 13억
원 정도 된다고 해. 한 해에 수상자
가 두 명이면, 두 사람이 상금을 똑
같이 나누게 돼.

    노벨상의 상금은 노벨 재단에서

▲ 노벨 평화상 메달

지원해. 노벨 재단은 다이너마이트를 개발해 큰돈을 모았던 노벨이 자신의 재산을 기부하면서 만들어진 곳이야. 이 재단에서는 노벨 평화상뿐 아니라 매년 물리, 문학, 화학, 의학 분야에서 큰 공을 세운 사람들에게 노벨상을 주고 있어.

말랄라는 2014년 열일곱 살로 최연소 노벨 평화상 수상자가 되었어. 그렇다면 최고령 노벨 평화상 수상자는 누구일까? 바로 핵물리학자로 반핵 운동을 펼쳤던 조지프 로트블랫이야. 그는 노벨 평화상을 받은 1955년 당시 여든일곱 살이었다고 해.

노벨상을 두 번 받은 사람도 있어. 물리학자인 라이너스 폴링은 1954년에 노벨 화학상과 1962년에 노벨 평화상을 받았어. 노벨 평화상은 아니지만 퀴리 부인과 존 바딘, 프레더릭 생어도 과학 분야에서 두 번씩 노벨상을 받았지. 그리고 국제적십자위원회와 유엔난민기구는 각각 3회와 2회 노벨 평화상을 받았어. 제1차, 제2차 세계 대전을 비롯한 전 세계의 분쟁 지역에서 가난과 병에 시달리는 많은 사람을 도운 공로가 인정되었기 때문이야. 이들 단체는 지금도 세계 곳곳에서 구호 활동을 펼치고 있어.

우리나라에도 노벨 평화상 수상자가 있어. 2000년에 김대중 전 대통령이 우리나라 민주주의 발전에 이바지한 공로로 노벨 평화상을 받았지. 우리나라에서도 머지않아 각 분야에서 노벨상 수상자가 등장할 거라 기대하고 있어.

동방삭: 다시 원래 이야기로 돌아가자면, 말랄라는 노벨 평화상을 받은 이후에도 여전히 억압받는 여성과 아이들의 인권을 위해 열심히 일하고 있어. 2021년에 탈레반이 아프가니스탄을 장악했을 때도 국제 사회에 관심과 도움을 호소했지.

나유식: 정말 대단해요. 죽을 뻔하기도 했고 신변 위협을 받는데도 계속 그렇게 목소리를 높인다는 게요!

전쟁이 나면 우리나라 군대를 미국이 통제한다고?

연관 검색어: #전시_작전_통제권 #이승만 #유엔 #연합군

swag_girl
스웩녀

♥ ○ ◁   🔖

좋아요 19,567개

swag_girl 국회 국방 위원회 대표단이 한미 동맹 발전을 위한 협력 방안을 논의하러 떠났다. 부디 이번에는 전시 작전 통제권을 찾아오길!

13시간 전

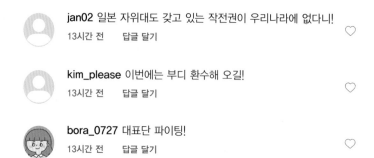

동방삭: 미국의 사드 미사일을 한국에 배치하는 문제로 한국 정부와 미국 정부 간에 긴밀한 논의를 진행했다는 기사를 한 번쯤 봤을 거야.

나유식: 맞아요, 우리나라에 미사일을 배치하는데, 왜 미국 정부와 논의하는 거예요?

동방삭: 모든 나라의 군 통제권은 그 나라가 갖고 있는 게 정상이야. 그런데 우리나라는 좀 달라.

나유식: 어떻게요?

동방삭: 우리나라의 전시 작전 통제권은 평화 시와 전쟁 시로 나뉘져 있어.

    사극을 보면 '병권'이라는 용어가 자주 등장하곤 해. **병권은 군사나 군대를 움직일 수 있는 권한을 뜻해.** 이 병권이 오늘날에는 작전권이라는 말로 바뀌었지. 전쟁이 나면 나라에서는 작전권을 발동해서 대응을 해. 그런데 우리나라는 전쟁이 일어나도 나라에서 군사를 마음대로 움직일 수 없어. 우리나라 작전권의 절반을 한미 연합군이 갖고 있기 때문이야.

우리나라의 작전권은 **평시 작전 통제권**과 **전시 작전 통제권**으로 나뉘어 있어. 평시 작전 통제권은 한국군이, 전시 작전 통제권은 한미 연합군이 가지고 있지. 그래서 평상시에는 한국군이 작전권을 가지고 있다가도, 전쟁이 일어나면 한미 연합군에 작전권을 넘겨줘야 해.

우리나라의 작전권은 사실 1950년에 이미 유엔에 넘어간 상태였어. 1950년 6·25 전쟁이 발발하자 당시 대통령이었던 이승만 대통령은 우리 군에게 북한을 막을 능력이 없다고 판단하고, 군 통솔권을 유엔 사령관이었던 맥아더 장군에게 넘겼거든. 그때 넘겨진 한국의 작전 지휘권은 1978년 만들어진 한미 연합 사령부에 그대로 넘어가 버렸고, 아직까지 그대로 유지되고 있는 거야.

원래 평시 작전 통제권도 한미 연합군에 속해 있었는데, 1994년에 되돌려 받았어. 전시 작전 통제권을 우리나라에 환수하기 위해 연합 검증 평가를 거치는 등 노력을 기울였지만, 한반도의 군사적 긴장과 북한의 핵 개발, 남북 관계, 북미 관계, 한중 관계 등이 복잡하게 얽혀 있어서 우리나라가 전시 작전 통제권을 되찾아

오는 시기를 예측하기 어려운 상황이야.

이웃 나라인 일본에도 우리나라처럼 미군이 주둔하고 있어. 하지만 일본 자위대에 대한 작전권은 일본이 가지고 있지. 일본에 미군과 자위대가 함께 주둔하고 있지만 미군의 작전권은 미국에, 자위대의 작전권은 일본에 각각 있어서 서로 방해받지 않고 작전권을 수행할 수 있어.

나유식: 그런데 왜 우리나라는 여태 전시 작전 통제권을 돌려받지 못한 거예요?

동방삭: 우리가 전시 작전 통제권을 돌려받는 것에 대해 국내에서조차 의견이 갈리고 있기 때문이야.

나유식: 우리나라 권리를 찾겠다는데 반대하는 사람이 있다고요?

동방삭: 북한과 대치하고 있는 우리나라 현실 때문이지. 전시 작전 통제권 환수를 반대하는 사람들은 북한의 핵무기 개발 등 여러 가지 군사적 위험을 우려하고 있어.

아직도 양쪽 의견은 팽팽해. 한쪽에서는 자주 국가로서 무조건 군의 작전권을 회수해야 한다고 말하고, 또 다른 쪽에서는 우리 군인이 북한군을 완전히 제압하기 어렵기 때문에 한미 연합군이 갖고 있어야 한다고 말하지.

2022년 전 세계 군사력 순위

*평가 지수가 0에 가까울수록 군사력이 강함을 의미한다.

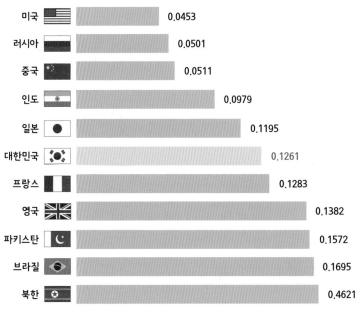

미국	0.0453
러시아	0.0501
중국	0.0511
인도	0.0979
일본	0.1195
대한민국	0.1261
프랑스	0.1283
영국	0.1382
파키스탄	0.1572
브라질	0.1695
북한	0.4621

(출처: 글로벌파이어파워)

미국과 우리나라는 한국군이 핵심 군사 능력과 북한의 핵미사일에 대응할 수 있는 능력을 갖추고, 한반도 내에 안보 환경이 제대로 갖춰져 있을 때 작전권을 넘기는 것으로 합의했어.

우리나라에서는 1990년대 후반부터 전시 작전권을 회수하기 위해 미국과 논의를 계속해 왔어. 2007년에는 2012년에 우리 군에게 전시 작전권을 넘기기로 합의하기도 했어. 하지만 이후 서해 교전을 비롯해 천안함 사건 등 여러 가지 안보 문제가 커지면서 전시 작전권 회수가 2015년 12월 1일로 연기되었어. 그러다가 2015년 11월에 특정 시기가 아닌 조건 충족 시 전시 작전 통제권을 전환하는 것으로 변경되었고, 현재까지도 그 조건을 충족하기 위해 노력하고 있지.

자주국방과 독립된 국가로서의 위상을 제대로 세우기 위해서 작전권 환수는 반드시 이루어져야 할 일이야. 현재 한반도의 주변 상황을 고려할 때, 우리 군이 독립적으로 모든 것을 통제할 수 있는 능력을 빨리 갖추는 것이 절실히 필요한 상황이지.

NLL, 바다에도
경계선이 있다고?

연관 검색어: #북방_한계선(NLL) #서해_5도 #비무장_지대
#정전_협정

여행도 인천이야
6월 22일

제1연평해전이 일어난 6월 29일 북방 한계선에 인접한 백령도,
대청도, 소청도, 연평도, 우도를 잇는 평화 투어를 시작합니다.
평화공원, 등대공원, 역사관 등 아름다운 서해 5도를 둘러보며
평화의 소중함을 깨닫는 일정으로 짜여 있습니다.
아픔을 딛고 평화를 위해 나아가는 발걸음에 동참해 주세요!
#인천 #여행 #인천섬여행 #국내섬여행

👍 악파돌 고구마 탐정 외 5천 명   댓글 1.3천 개   공유 1.1천 회

나유식: 북방 한계선이 뭐예요?

동방삭: 북방 한계선은 우리나라와 북한을 나누는 바다의 경계선을 말해. 북방 한계선(northern limit line)의 영문 첫 글자를 따서 NLL이라고도 부르지.

북방 한계선은 6·25 전쟁 당시 정전을 선포하면서 만들어진 경계선이야. 1953년 7월 27일 정전 협정이 체결될 때 남북이 약속한 경계선은 육지의 경계선뿐이었어. 남한군과 북한군은 충돌을 피하기 위해 삼팔선을 기준으로 서로 2킬로미터씩 물러나 철책선을 쳤지. 이 지역이 바로 비무장 지대야. 남북으로 약 4킬로미터의 거리에는 군사 시설이 없을 뿐 아니라 아무도 들어가지 못해. 덕분에 이곳은 1950년대 모습 그대로 남아 있지.

바다의 경계선은 1953년 8월 30일에 정해졌어. 남북의 협정 과정을 거친 것이 아니라 주한 유엔 사령관이었던 마크 클라크 장군의 발표를 통해서였지. 남북의 의견 차이로 바다 경계선이 정해지지 않은 상황에서 혹시라도 다시 전쟁이 일어날까 봐 우려했던 유엔이 서둘러서 발표를 해 버린 거야.

이때 정한 남북의 바다 경계선은 서해 5도(백령도, 대청도, 소청도, 연평도, 우도)와 북한의 옹진반도 사이로 정해졌어. 지금은 육지에서 12해리까지의 바다를 그 나라의 바다로 인정하고 있지만,

1950년대에는 3해리까지만 영해로 인정되었어. 그때의 영해 기준에 따라 바다 경계선이 정해진 거야.

육상의 경계선에는 비무장 지대인 DMZ가 정확하게 지정되어 있어서 큰 충돌이 일어나지 않아. 하지만 바다에서는 종종 충돌이 일어나곤 해. 바다의 경계선에 대한 남북한의 생각이 다르기 때문이지.

┃ 북방 한계선(NLL)

원래 1953년 유엔이 서해의 북방 한계선을 발표한 이후에도 20여 년간은 서해에서 충돌이 일어나지 않았어. 남과 북이 문제 제기를 하지 않으면서 바다의 경계선으로 NLL을 지켰기 때문이야.

그런데 1973년 서해 5도 부근의 바다에 대해 북한이 권리를 주장하기 시작하면서 연평도 부근이 한반도의 화약고[*]로 떠오르기 시작했어. 서해는 섬도 많고 해안 경계선이 울퉁불퉁해 서로 거리가 가까워. 영해 기준이 3해리에서 12해리로 확대되고, 200해리 배타적 경제 수역을 설정하면서 NLL 부근의 바다가 양쪽 모두에게 속하는 영역이 되어 버린 거야.

북한은 그 부근의 바다를 지나려면 자신들에게 허가를 받아야 한다는 둥, 1953년 NLL 설정이 무효라면서 북방 한계선을 수시로 넘어오고 있어.

지난 2002년에는 연평도 부근에서 우리 전함이 북한의 어뢰에 맞아 가라앉는 일까지 벌어졌어. 그 당시 또다시 남과 북 사이에 전쟁이 일어나는 것이 아닌가 하는 불안감이 커지며, 한반도에 팽팽한 긴장감이 돌기도 했지.

하지만 이후 NLL 부근을 평화 수역으로 만들려는 노력이 이어졌어. 2018년 4월 27일 남북 정상이 판문점에서 발표한 '판문점 공동 선언문'에는 NLL 일대를 평화 수역으로 지정하자는 합의가 담겼어. 서해 5도 수역 평화 기본법을 제정하자는 움직임이 일기도 했지. 여전히 군사적 긴장감은 흐르고 있지만, 우리가 살아가는 한반도의 평화를 위해 노력을 멈추지 말아야 할 거야.

*화약고: 분쟁이 일어날 위험이 많은 지역을 비유적으로 이르는 말.

병원비가 5억? 미국과 우리나라는 건강 보험이 어떻게 다를까?

연관 검색어: #의료_보험 #사회_보험 #건강_보험_제도
#사회_보장_제도 #민영화

원시일보 원숭이도 지식인으로 만들어 주는

유명 배우 A씨 미국에서 뇌출혈로 쓰러져! 병원비 못 내 하마터면 골든 타임 놓칠 뻔!

입력 20xx.0x.xx. 오후 2:13   수정 20xx.0x.xx. 오후 4:23

곽민영 기자

인기 배우 A가 미국에서 뇌출혈로 쓰러져 수술을 받았다. A의 병원비는 무려 5억여 원. 수술을 무사히 마친 A는 청구된 병원비를 보고 놀라서 또 한 번 쓰러질 뻔했다고. 측근에 따르면 A는 나머지 치료를 한국에서 받기 위해 귀국을 서둘렀다고 한다.

나유식: 헐, 병원비가 5억 원이라니! 무서워서 아프지도 못하겠네요

동방삭: 미국의 병원이나 의료 보험은 대부분 개별 회사에서 맡고 있기 때문에 어쩔 수 없어.

공공 기관이나 나라가 담당하지 않고 민간인이 경영하게 하는 것을 '민영화'라고 해. 미국의 의료 제도는 대부분 민영화되어 있어. 그래서 미국에서는 우리나라처럼 모든 국민이 국민 건강 보험에 가입되어 있는 것이 아니라, 개인의 형편에 따라 의료 보험에 가입해야 해. 보험에 가입되어 있더라도 병원마다 계약되어 있는 보험이 다르고, 병원비가 높아서 많은 돈을 병원비로 지출하지.

미국은 병원비가 비싸기로 유명해. 비싼 보험에 가입하지 못한 사람들은 병원에 갈 때마다 많은 돈을 내야 하지. 그러다 보니 아파도 병원에 가지 못하고 참는 사람이 많은 실정이야.

2014년부터 미국에서도 새로운 의료 보험 제도가 도입되었어. 오바마 대통령이 시행했다고 해서 '오바마 케어'로 불리고 있어. 중산층에게는 건강 보험 보조금을 지급하고, 보험이 없는 3200만 명의 사람들을 건강 보험에 가입하도록 하기 위한 정책이었어. 이 정책은 트럼프 대통령이 뽑힌 뒤로 전면 중단되었다가 바이든 대통령이 당선되면서 다시 확장되어 시행될 예정이야.

나유식: 그리고 보면 우리나라의 건강 보험 제도가 짱인 것 같아요.

동방삭: 그래, 우리나라는 법적으로 모든 국민이 건강 보험에 가입해야 하는 나라야. 의료 보험이 사회 보험으로 지정되어 있거든.

우리나라의 건강 보험은 국민 연금을 비롯해 산재 보험, 고용 보험과 함께 4대 사회 보험으로 정해져 있어. 우리나라 국민이면 무조건 건강 보험에 가입해야 하지.

사회 보험은 보험료에 따라 혜택이 달라지는 보험이 아니야. 소득이 많은 사람은 보험료를 더 많이 내고, 소득이 적은 사람은 그만큼 적은 돈을 내지만, 혜택은 모든 사람이 똑같이 받지. 그 이유는 **사회 보험이 '소득이 적고 가난한 사람에게도 인간이 누려야 할 기본 생활을 보장해 주기 위해' 만들어진 일종의 사회 보장 제도이기 때문이야.**

하지만 이건 건강 보험료를 꾸준히 납입했을 때 이야기야. 건강 보험료를 정해진 횟수 이상 납입하지 않으면, 보험 혜택을 주지 않아. 다른 사람과의 형평성 때문이지.

우리나라에서는 1977년 맨 처음 의료 보험이 도입되었단다. 그때는 500인 이상의 직원이 소속되어 있는 대기업에만 적용되었는데, 이후 점차 범위가 확대되어 1989년부터는 전 국민이 의료 보험 적용을 받을 수 있게 되었어. 의료 보험은 2000년 1월 1일부터 건강 보험으로 명칭이 바뀌었지.

우리나라의 경우 5인 이상의 직장에서는 무조건 회사에서 4대 보험을 지원하도록 법으로 정해져 있어. 회사에서 보험료의 2분의 1을 지원하고, 개인은 나머지 2분의 1만을 납입하기 때문에 실제 개인이 국가에 납부하는 보험료는 작은 편이야.

GDP 대비 경상 의료비 비율(2020)

(단위: %)

	영국	일본	노르웨이	미국	대한민국	OECD 평균
GDP 대비 경상 의료비	12.8	11.0	11.3	16.8	8.4	9.9

(출처: e-나라지표)

보건 의료 부문에 소비된 국민 전체의 1년간 지출 총액을 경상 의료비라고 해. 2020년 GDP 대비 우리나라의 경상 의료비는 8.4퍼센트로, OECD 평균인 9.9퍼센트보다 낮아. 하지만 지난 10년간 경상 의료비가 가파르게 상승하고 있지. 경상 의료비가 증가한다는 건 그만큼 개인이 감당해야 하는 의료비 부담이 늘고 있다는 걸 말해.

우리나라는 2017년부터 2022년까지 전 국민의 의료비 부담을 평균 18퍼센트 낮추는 '건강 보험 보장성 강화 정책'을 발표했어.

건강 보험 보장률을 높여 개인의 병원비 부담을 낮추겠다는 정책이야. 병원비가 없어서 병원에 가지 못하거나 비싼 병원비 때문에 가계가 파탄 나는 일이 없게 하겠다는 것이지. 건강 보험 보장률을 높이고 적용 범위를 확대하는 등의 꾸준한 노력으로 3년간 가계 의료비 부담을 약 9조 2000억 원 줄였다고 해.

동방삭: 예전에 우리나라가 고령화 사회라고 했었던 거 기억나니?

나유식: 네! 너무 짧은 시간에 사회가 늙어서 많은 문제가 있다고 하셨잖아요.

동방삭: 맞아. 정확히 기억하고 있구나. 기특한데? 아무튼, 이렇게 고령화 사회로 빠르게 진입하고 있는 만큼 이런 의료비 부담에 대한 정부의 고민과 노력도 더 다각화되어야 할 거야.

때때로 수익성이 낮다는 이유로 공공 보건 의료 기관이나 한국전력 등의 공공 기관을 민영화하려는 움직임이 일곤 해. 공공 기관이 독점했던 시장을 민간 기업에 개방해서 수익성도 높이고, 국민들의 선택권도 넓혀 주자는 거지. 하지만 공공 기관의 목표는 수익성이 아니야. 국민들이 살아가는 데 꼭 필요한 물, 전기, 의료 등을 소득에 상관없이 똑같이 누릴 수 있게 제공하는 거지.

공공 기관의 민영화를 반대하는 사람들은 공공 기관이 독점하던 시장을 민간 기업에 개방하면 물자와 서비스의 급이 나뉘고 사회적 양극화가 심화될 것이라고 주장해. 돈 많은 사람들은 더 좋은 서비스와 의료 혜택을 누리고 돈 없는 사람들은 질 나쁜 서비스를 받을 수밖에 없어진다는 거지.

동방삭: 공공 기관의 민영화가 정말 선택의 폭을 넓혀 줄까?

나유식: 글쎄요. 다른 곳이랑 경쟁해서 살아남으려면 더 좋은 서비스를 해 주려고 노력할 것 같긴 해요. 그런데 민영화가 되면 우리나라 병원비도 미국처럼 비싸지는 거잖아요! 우리 집은 보라네처럼 부자도 아니란 말이에요.

동방삭: 맞아. 돈이 없는 사람들의 경우 사회 구성원으로서 마땅히 누려야 할 혜택을 빼앗긴다고 볼 수도 있어. 민영화에 앞서 공공 기관의 존재 이유, 민영화로 벌어질 사회 문제 등에 대해서 더 깊이 있는 고민이 필요한 시점이지.

미국 대통령은
왜 이렇게 오래 하는 거지?

연관 검색어: #단임제와_연임제 #대통령_선거 #대통령_임기

swag_girl
스웩녀

좋아요 451개
swag_girl 미쿡에서 바이든 대통령과 함께 찰칵!

13시간 전

bora_0727 헐, 실화임?
13시간 전　답글 달기 ♡

 na_wensu 말도 안 돼, 미국 대통령이랑 사진을 찍었다고?
13시간 전　답글 달기 ♡

 kimindd29 에이, 합성이잖아.
13시간 전　답글 달기 ♡

나유식: 스웩녀 누나가 진짜 미국 대통령이랑 사진 찍은 줄 알고 깜짝 놀랐네.

동방삭: 가짜 사진이었어?

나유식: 유명 인사랑 같이 사진 찍는 것처럼 보여 주는 어플이래요.

동방삭: 하긴, 요즘 미국은 예비 대통령 선거가 한창일 텐데, 무슨 수로 대통령과 사진을 찍겠어.

나유식: 예비 대통령 선거가 뭐예요? 우리나라는 그런 거 없지 않나?

동방삭: 미국에서는 민주당과 공화당의 대통령 후보를 결정하기 위해 각 주를 돌아다니면서 예비 선거를 해.

　같은 대통령제라도 나라마다 대통령의 임기가 달라. 미국은 4년, 우리나라와 프랑스는 5년이야. 그리고 프랑스와 우리나라는 대통령 임기는 같지만, 횟수가 다르지. 우리나라는 5년 동안, 단 한 번만 대통령을 할 수 있어. 프랑스는 5년 동안 대통령을 한 후, 다음 번 대통령 선거에서 다시 대통령으로 뽑히면 한 번 더 대통령을 할 수 있어. 한 사람이 최대 10년 동안 대통령을 할 수 있는 것이지.

우리나라처럼 정해진 기간에 단 한 번만 하는 것은 '**단임제**'라고 하고, 프랑스처럼 정해진 기간만큼을 연이어 할 수 있는 제도를 '**연임제**'라고 해.

우리나라는 단임제를 채택하고 있지만, 미국이나 프랑스는 연임제를 채택하고 있어. 미국은 4년 임기를 두 번 할 수 있기 때문에 최대 8년간 한 사람이 대통령을 할 수 있지.

나유식: 우리나라는 왜 단임제를 선택한 거예요?

동방삭: 우리도 대한민국 정부가 처음 만들어졌을 때는 대통령 연임제를 채택하고 있었어.

나유식: 그런데요?

동방삭: 그런데 이승만 대통령이 법이 정한 기간보다 훨씬 긴 시간 동안 대한민국 대통령을 지냈어. 그 자리에서 내려오고 싶지 않았던 거야.

그래서 자신이 대통령으로 있을 때 한 사람이 오랫동안 대통령을 할 수 있도록 법을 바꾸었어. 결국 참다못한 국민들이 나서서 이러한 연임제를 반대했지. 많은 사람들이 오랫동안 투쟁한 끝에 우리나라에서는 한 사람이 오랫동안 독재 정치를 펼치지 못하도록 5년 단임제를 만들었고, 그것이 지금까지 이어져 오고 있어.

단임제는 대통령이 다음번 대통령 선거에 출마하지 않기 때문에 소신껏 정치를 펼칠 수 있다는 장점이 있어. 만약 현재 대통령이 다음 대통령 선거에 출마할 생각이라면 혹시 표를 받지 못할까 봐 원하지 않는 일을 하거나 표를 위해 중요한 일을 포기하는 수가 생길 수도 있거든.

하지만 국가의 중요한 정책이나 발전 계획을 진행할 때 임기 안에 제대로 마치지 못할 수 있다는 단점도 있어. 새로운 대통령이 뽑힐 때마다 권력 이양에 따른 비용이나 준비가 필요해서 효율적으로 국가를 운영할 수 없다는 것도 단점으로 꼽히지.

나유식: 그래서 대통령 임기가 끝날 때 무슨 오리를 먹는다고 하던걸요?

동방삭: 오리를 먹는다고?

나유식: 베이징덕은 아니고, 레임덕이라던가?

동방삭: 푸하하, 오리는 오리지.

다음번에 대통령이 바뀌는 것이 확실하기 때문에 현재 대통령의 임기 말에 대통령의 권력이 제대로 행사되지 않을 수도 있어. 흔히 '레임덕'에 걸렸다고 말하지. 레임덕은 대통령이나 공직자들의 임기가 끝나갈 때 나타나는 현상을 말해. **레임덕**(lame duck)**은 절름발이**(lame)**와 오리**(duck)**가 합쳐진 말이야.** 안 그래도 뒤뚱거리며 걷는 오리의 한쪽 다리가 짧다면 뒤뚱거리는 정도가 더욱 커지겠지? **똑바로 걷고 싶어도 그럴 수 없는 우스꽝스러운 모습을 비유한 표현**이야.

대통령 선거에서 다른 당의 대표가 대통령으로 결정되었다고 생각해 봐. 몇 개월 후면 권력이 다른 사람에게 넘어갈 텐데 대통령의 말에 힘이 실리겠어? 그래서 임기 말에 권위나 힘이 제대로 영향을 미치지 못하는 경우가 발생하곤 했어. 하지만 우리나라 제19대 문재인 대통령의 경우 임기 말 지지율이 40퍼센트를 훌쩍 넘기며 최초의 레임덕 없는 대통령으로 불렸어.

학자들은 연임제와 단임제에는 각각 장단점이 있어서 나라에 맞는 제도를 선택해야 한다고 말해. 오랜 기간 5년 단임제가 이어져 온 우리나라에서는 대통령 선거 때마다 연임제의 필요성이 제기되고 있는 상황이야.

사라진
시사 편의점

편의점 알바생인 동방삭 아저씨와 얘기를 하다 보니 머릿속에 뭔가 꽉 들어차는 느낌이었다. 텅 비었던 머릿속에 알찬 지식이 들어간 느낌이랄까? 아무튼 동방삭 아저씨 덕분에 나는 꽤 유식해진 기분이 들었다. 아이들은 유식이 통통 튀는 내 모습에 적응이 되지 않는 듯한 눈치였다.

"유식아, 요즘 네가 좀 달라 보이는 것 같아."

스웩녀 누나가 내게 캔 커피를 내밀며 이렇게 말했다.

"뭐, 뭐가요?"

나는 시치미를 뚝 떼고 물었다.

"예전에는 시사나 교양에 전혀 관심이 없는 것처럼 보였거든. 그런데 너와 대화하다 보면 네 생각이 무척 깊다는 게 느껴져. 그래서 좀 더 대화하고 싶어졌어. 오늘 학교 끝나고 같이 저녁

먹지 않을래?"

"좋아요! 요 밑에 24시 시사 편의점 아세요? 거기서 만나요."

"시사 편의점?"

스웩녀 누나가 고개를 갸웃했다. 나는 허리를 꼿꼿하게 세운 채 입만 열면 잘난 체하는 동방삭 알바생을 모르느냐고 되물었다.

"요 밑에는 편의점이 없는데?"

"에이, 무슨 소리예요. 제가 방금 전에도 거기서 동방삭 알바생한테 지독하게 재미없는 설명을 듣고 왔는데……."

"정말이야, 거기 편의점 같은 건 없어."

스웩녀 누나가 정색을 하며 대꾸했다. 나는 설마설마하는 마음으로 편의점을 향해 달려갔다. 그런데 이게 어찌 된 일일까? 방금 전까지만 하더라도 그 자리에 있던 편의점이 온데간데없이 사라져 버렸다. 나는 몇 번이고 눈을 비비고 주위를 살펴보았다.

"이상하다……."

그 순간 내 머릿속에 동방삭이 했던 말이 스쳐 갔다.

"여긴 지식을 파는 24시 편의점이란다. 예의와 상식과 지성이라곤 털끝만큼도 없는 사람을 지식인으로 만드는 훌륭한 편의점이지."

나는 설마 동방삭이 말한 예의와 상식과 지성이 없는 아이가 바로 나일까라는 의심이 들었다. 동방삭을 만나야 이 불쾌한 질문에 답을 얻을 텐데!

하지만 그 이후 24시 시사 편의점은 두 번 다시 보이지 않았다.

"다시 만나면 절대 놓아주지 않을 테다. 얼굴만 청년인 동방삭 아저씨! 끝까지 쫓아다니면서 캐묻고 또 캐물어 버릴 테다!"

나는 주먹을 꼭 움켜쥐며 이렇게 다짐했다.

며칠 후면 차기 학생회장 선거가 있다. 스웽녀 누나의 추천으로 나는 당당하게 후보자에 이름이 올랐다.

언제부턴가 나를 너무식이라고 부르는 아이들이 없어졌다. 내 이름에 걸맞게, 유식이 철철 넘치는 교양인이 되었기 때문이라고 자부한다.

"내가 만약 학생회장이 된다면 우리 학교에서 무식을 추방하겠습니다! 모든 학생을 시사, 교양, 상식의 지성인으로 만들겠습니다!"

벌써 나를 향한 축하의 박수 소리가 들려오는 것 같다.